# 21世紀に『資本論』をどう生かすか

鎌倉孝夫
佐藤　優

金曜日

# 21世紀に『資本論』をどう生かすか

装丁／本文デザイン◎宮川和夫事務所

# 21世紀に『資本論』をどう生かすか　目次

―まえがき―

# 真理はあなたたちを自由にする

佐藤　優



今年2017年は、カール・マルクスの『資本論』第1巻初版が1867年に刊行されてから150年になる記念の年だ。『資本論』は有名だが、実際にこの本を通読した人はそれほど多くない。この点については、マルクス自身も予想していたようだ。初版の序文でこんなことを述べている。

〈何事も初めがむずかしい、という諺は、すべての科学にあてはまる。第一章、とくに商品の分析を含んでいる節の理解は、したがって、最大の障害となるであろう。〉（マルクス［向坂逸郎訳］『資本論（一）』岩波文庫、1969年、11ページ）

本屋の店頭で本を手に取ると、通常はまず序文を読む。その序文に「この本は難しい」ということが書いてあると、怖《お》じ気《け》づいて買うのを躊躇《ちゅうちょ》してしまう人が多いと思う。21世紀にプロの編集者がついていたならば、マルクスがこのような原稿を書いても、修正を要求したであろう。しかし、『資本論』の論理を正確に理解したいと考える人にとって、マルクスが序文で、この本の第1章の商品の分析を含んでいる節が難しいと予告していてくれたことが、真理に到達するための重要な「導きの糸」になる。

〈資本主義的生産様式の支配的である社会の富は、「巨大なる商品集積」として現われ、個々の商品はこの富の成素形態として現われる。したがって、われわれの研究は商品の分析をもって始まる。〉（前掲書67ページ）

という『資本論』の冒頭に記された商品がどのようなものであるかについては、二つの解釈がある。

第一は、この商品は古代から現在に至るまであらゆる時代に存在した商品であるという解釈だ。

この解釈をすると資本主義社会の特質がまったくわからなくなってしまい迷路に陥ってしまうというのが鎌倉孝夫氏と私の認識だ。

第二は、この商品は、資本主義社会の商品を抽象したものであるという解釈だ。

宇野学派といわれるマルクス経済学者の宇野弘蔵氏（1897〜1977年）の『資本論』解釈を踏襲する人々がこの解釈を支持する。資本主義より前の社会とは異なり資本主義社会では、労働力の商品化が行なわれている。その結果、資本が生産過程を支配することが可能となり、資本主義が自律的な社会システムとして自立することになる。『資本論』第1巻冒頭の商品を資本主義社会に特有のものであるという解釈をすると、この社会が資本家、地主、労働者の三大階級によって構成されているということがわかるというのが宇野学派の『資本論』解釈だ。もっとも鎌倉氏は、この解釈では飽き足らずに、資本主義社会は、資本家と労働者の二大階級によって構成されているという結論を導く。その論理的道筋については、本書でていねいに示されている。

さて『資本論』を基盤とする経済学には、マルクス主義経済学とマルクス経済学という二つの潮流がある。

マルクス主義経済学の立場に立つ人は、共産主義革命を起こすというイデオロギーを重視する。そして革命の聖典として、イデオロギー的に『資本論』を読んでいく。このような読み方に、根本的な異議を申し立てたのが宇野氏だ。宇野氏によれば、『資本論』は科学の書である。それだから、労働者、資本家、地主、あるいはこの三大階級に入らない小商品生産者、作家、芸術家などが読んでも資本主義社会の論理をつかむことができると宇野氏は主張した。そしてみずからの経済学をマルクス経済学と規定した。マルクスの流れを継承する経済学という意味だ。

21世紀のわれわれから見れば、宇野氏の主張は、当たり前のことのように思えるが、1980年代末にソ連体制に揺らぎが生じる前の左派的情報空間において、宇野氏のような『資本論』解釈は、理論と実践を切り離す悪しき科学主義、客観主義とみなされた。

ちなみに、宇野氏は資本主義社会を理解する上でも社会主義（もしくは共産主義）イデオロギーの重要性をよく理解していた。社会主義イデオロギーを持っている人は、資本主義的偏見から自由になることができる。例えば、貨幣を根本から疑うことができる。1万円札を作成するのに必要な費用は22〜24円である。それにもかかわらず1万円札で1万円に相当する商品やサービスを購入すること自体が、資本主義イデオロギーの下で可能になることなのである。マルクスは、独特なイデオロギーを持っていたことで、資本主義イデオロギーの偏見から解放され、資本主義社会の構造を客観的かつ実証的に分析することができると考えたのだ。

宇野氏の理解を敷衍《ふえん》するとマルクス経済学は、歴史学の一分野となる。すなわち資本主義という特定の時代を客観的かつ実証的に分析することがマルクス経済学の課題なので、これは歴史学に属するのである。

本書では詳しく説明されていないが、宇野氏には三段階論と呼ばれる特殊な方法論がある。経済学の場合、自然科学のような実験は不可能だ。したがって、頭の中で純粋な資本主義社会を想定する必要がある。しかし、この想定は、思考実験によって任意に構成される理念型ではない。現実の歴史過程から抽象されなくてはならない。宇野氏は『資本論』序文の以下の記述からヒントを得た。

〈経済的諸形態の分析では、顕微鏡も化学的試薬も用いるわけにいかぬ。抽象力なるものがこの両者に代わらねばならぬ。〉（前掲書12ページ）

こうした抽象力を行使して、資本主義社会の内在的論理を解明するのが原理論（経済原論）である。原理論は、『資本論』の論理に基づいて組み立てられるが、マルクスが書いたのだから『資本論』は絶対に正しいというような宗教的立場は取らない。論理性、実証性に照らして問題のある点は、いくらでも修正しても構わないというのが宇野の考え方だ。鎌倉氏も宇野氏のこの方法論を踏襲している。

歴史において、純粋な資本主義は存在し得ない。それは国家による経済過程への干渉があるからだ。それは、重商主義、自由主義、帝国主義というような経済政策の形で現れる。宇野氏はこれを段階論と名付けた。私は、ここでは国家の介入が主たる問題になるのだから段階論を国家論と読み替えてもいいと考える。ちなみに『資本論』では、国家を括弧の中に入れて論理が展開されている。国家は官僚制を持ち、徴税を行なう。この点を考慮するならば、現実の社会には国家と結びついた官僚という階級が存在すると哲学者の柄谷行人氏は述べる。この点については、私の柄谷氏と同じ見方だ。本書ではほとんど展開されていない国家、徴税、官僚に関する議論をいずれ鎌倉氏と徹底して行ないたいと考えている。

そして、原理論と段階論を踏まえて現状分析を行なうと宇野氏は説く。宇野氏は経済学の究極目標は現状分析であるというが、農業問題を除いて宇野氏自身の現状分析に関する作品はない。宇野学派の中で、鎌倉氏が占める特殊な立場は、原理論、段階論だけでなく現状分析にも積極的に取り組んでいることだ。私は高校生時代に社会党の青年組織・社青同（日本社会主義青年同盟。社青同を名乗る組織はいつくかあったが、私が所属していたのは向坂逸郎氏が代表をつとめていた社会主義協会系の〝社青同協会派〟とか〝社青同向坂派〟と呼ばれた組織）だった。このとき埼玉大学助教授で、労働者サークルの『資本論』研究会を主宰していた鎌倉氏と知り合った。私は鎌倉氏の『日本帝国主義の現段階』（現代評論社、１９７０年）、『日本帝国主義と資本輸出』（現代評論社、１９７６年）を読んで鎌倉理論の虜《とりこ》になった。いまでも私は、国家独占資本主義に対する鎌倉氏の理論は正しいと思っている。

本書で、鎌倉氏も私も『資本論』の論理は商品の分析で始まり、諸階級で閉じているという解釈を強調した。閉じているということは、その外側が存在するということだ。内部と外部をつなぐ回路について、鎌倉氏は労働力商品化を基礎とするシステムを超克し、人間が主体性を回復する革命を考えている。これに対して、日本の外務官僚としてモスクワでソ連崩壊を目の当たりにし、その後も日本国家の外交とインテリジェンスに関与した私は、革命を含め、政治的な事柄を根源的に信用しなくなってしまった。しかし、いつか外部の力によって千年王国が到来するという希望は失っていない。

本書を通じて、私と鎌倉氏が伝えたかった事柄を私なりの言葉で表現すると、かつてイエス・キリストが述べた、

「真理はあなたたちを自由にする」(「ヨハネによる福音書」8章32節)

ということだ。

本書の編集にあたっては、『週刊金曜日』副編集長の伊田浩之氏にたいへんにお世話になりました。どうもありがとうございます。

２０１７年９月

# 第1章

# 「資本」の本質を明らかにする

## 総合知としての『資本論』

**佐藤**　この講座では、『資本論』※をどう読むかについて説明します。簡潔に言うと、『資本論』を社会主義革命の本としては読みません。『資本論』を学ぶと、間接的には、社会主義革命にプラスになるかもしれませんが、革命を目指す「イデオロギー」の書として読むのではありません。資本家でも労働者でも、仏教徒でもキリスト教徒でもイスラム教徒でも、みんな理解できる理論（総合知）として読んでいきます。

それともう一つ、その陰に隠れている大きなテーマを説明します。日本では宇野学派といって、日本の代表的マルクス経済学者である宇野弘蔵※（1897〜1977年）の流れを引く人たちがいるのですが、この宇野学派はいまでは見る影もないぐらい衰退してしまいました。新自由主義※礼賛になった宇野派の学者もいます。その一方で、単純な形の国家※社会主義的な社会像を考えるようになった人もいます。あるいは、経済原論を恐慌論で純化していき、21世紀のスコラ学のような形で『資本論』をまとめようとする研究者もいます。

**『資本論』**
カール・マルクス（1818年〜1883年）の主著で、経済学の古典。和訳では岩波文庫版（向坂逸郎訳）、国民文庫版（岡崎次郎訳）が入手しやすい。

**宇野弘蔵（1897年〜1977年）**
日本の代表的マルクス経済学者。〈『資本論』研究を解釈学にとどめることなく、独創的な経済学を作り出すことで、マルクス経済学を科学として確立しようとした。『経済原論』においては、資本主義とは、《労働力の商品化》によって市場経済が生産の関係に及んだものととらえた。〉（『岩波　現代経済学事典』51ページ）

**新自由主義**
市場メカニズムを信頼し、資本の自由活動を保障するために、規制を緩和、撤廃し、

そうした衰退した宇野派のなかで鎌倉孝夫先生のポジションは極めて独自です。それはどういうことか。結論から言うと、鎌倉先生は「労働力商品化も、擬制資本としての株式資本も究極的には成立しえない」、あるいは「人間というものを完全に滅亡させない限り、それらは成立しえない」という経済哲学を確立しています。世の中の仕組みを理解するには、経済哲学をしっかり持つことが重要なのです。その輪郭線を、まずこの3回の講義のなかで明らかにしたいと思います。

まずは、鎌倉先生に自分の考え、すなわち『資本論』をどう読んでいるのかというエッセンスを話していただきます。そして、鎌倉先生の説明に私がときどき質問する形式で進めます。

この講座は一般募集の講座ですが、私よりももっと『資本論』読みの人が顔を見るだけでこの中に10人はいますから、そういった人たちとの質疑も入れて双方向性を担保して議論していきたいと思います。

質問において、いかなるタブーもありません。たとえば「宇野弘蔵の読み方には反対だ。私は『資本論』冒頭の〈商品〉は絶対に単純商品だと思う。廣松渉[※]先生もそう言っているから」というような問いかけも歓

公的事業民営化を推進する思想と政策。福祉政策に反対し累進税制を緩めることで、個人の働く意欲が増大する——自助努力や自己責任——とする。1970年代ごろから米国を中心に支持する経済学者が増え、80年代の米国レーガン政権、英国サッチャー政権に影響を与えた。

**国家社会主義**
国家によって社会主義政策の実現を図ろうとする思想ならびに運動。ラッサール（1825年～64年、ドイツの社会主義者）は国家を消滅させることを考えず、普通平等秘密選挙によって、労働階級が国家権力を握るべきだと考えた。

迎します。

ただ、「廣松渉先生もそう言っているから」といった権威による議論は避けましょう。理屈でこうなっているという議論でしたら、廣松渉のポジションでも、不破哲三※のポジションでも、黒田寛一※のポジションでも何でも構いません。そういった形で相当白熱した議論ができるのではないかと期待しています。

それでは、鎌倉先生にマイクを渡します。

## 『資本論』の成り立ち

**鎌倉**　この講座は、宇野経済学を通して『資本論』を21世紀にどう生かすかという大きなテーマでお話をします。したがって、宇野経済学の全体像が正確にわからないと議論が成り立たないですよね。

私が『資本論』を読み出してからそろそろ60年になります。ようやく『資本論』の真髄がとらえられるようになったのではないか、と考えています。

それなのに、今でも『資本論』の一部分だけを読んで、全体がすべて

**廣松渉**
**（1933年～94年）**
哲学者。東京大学名誉教授。〈一般にはマルクス主義哲学者と見られていますが、私の見解では、西洋の科学哲学と日本の仏教思想を結びつけた人物です〉（『獄中記』173ページ）

**不破哲三**
**（1930年～）**
旧制一高在学中に16歳で日本共産党に入党。40歳で書記局長に就任。委員長、議長を歴任した。現在は、党常任幹部会委員、党社会科学研究所所長。

**黒田寛一**
**（1927年～2006年）**
社会運動家、革マル派の最高指導者。1952年に『ヘーゲルとマルクス』（理論社）を出版。56年のハンガリー労働者の蜂起に対するソ連軍の弾圧を弾劾し、反スターリン

わかったような気になる人が多いのです。具体的には、『資本論』の第1巻ですね。しかも、第1巻をすべてきちんと読めばいいのですが、第1巻の最後から2番目の章である24章「いわゆる本源的蓄積」の第7節「資本主義的蓄積の歴史的傾向」※を重視する人が多いのです。

**佐藤** 岩波文庫（全9冊）では第3分冊にあたりますね。

**鎌倉** そうです。ここを読んで『資本論』が全部わかってしまったような気持ちになってしまう。また、それでいいのだと強調した大学教授もずいぶんいたのです。しかし、そうではないよと、私は言いたいわけです。

**佐藤** いま批判したのは、向坂逸郎※先生のことですね。

**鎌倉** 向坂先生は、「史的唯物論と『資本論』は……労働者階級の階級意識の最も科学的な部分」（岩波文庫版『資本論』9巻173ページ）とされています。しかし、このような理論は、向坂先生だけではありません。いわゆる、イデオロギー過剰なマルクス主義経済学と称する人はほとんどそうだったということです。しかし、それでは『資本論』の真髄はわかりません。そこで今日は『資本論』全3巻の巻、篇、章を全部出してもらいました（巻末付録1参照）。

主義運動を創造した。著書に『黒田寛一初期論稿集〈第1巻〉哲学と人間の探求』（こぶし書房、2010年）など多数。

**資本主義的蓄積の歴史的傾向**
〈資本独占は、それとともに、かつそれのもとで開花した生産様式の桎梏となる。生産手段の集中と労働の社会化とは、それらの資本主義的外被とは調和しえなくなる一点に到達する。外被は爆破される。資本主義的私有の最期を告げる鐘が鳴る。収奪者が収奪される。〉（『資本論』岩波文庫（三）415ページ）

**向坂逸郎**
**（1897年〜1985年）**
労農派マルクス主義の理論家。『資本論』訳者。1951年、山川均らとともに社会主義協会を創設し、日本社会党左派を理論的に指導した。

**佐藤**　いま鎌倉先生が「マルクス主義経済学※」と言いましたね。この用語に注意してください。宇野学派の人たちは、自分たちのことを「マルクス経済学者」とは言いません。われわれは「マルクス経済学」の立場に立っているわけで、本当は「経済学」でもいいのです。これは、マルクスによって明らかにされた経済学という意味です。だから「経済学」と呼んだのでいいのですが、いまの経済学の主流はいわゆる「近代経済学※」なので、区別するために「マルクス経済学」と言っています。ただ、マルクス経済学の立場で言えば、「近代経済学」は「俗流経済学※」にすぎません。

経済学を「(社会)科学」と言ってもあまりピンとこないので、「体系知」と呼んだほうがいいと私は思うのです。ドイツ語のWissenschaftにあたる、体系知としての経済学という意味です。これを「マルクス経済学」と称します。これに対し、「マルクス主義経済学」は、マルクス主義というイデオロギーに基づいて資本主義を断罪する、共産主義を実現するという観点から『資本論』を読みます。ですから、同じテキストを使っていても、その意味しているところが違ってくるのです。

**マルクス主義経済学**
宇野弘蔵は、マルクスの『資本論』の論理を発展させた経済学を「マルクス経済学」と呼び、社会主義イデオロギーが過剰な「マルクス主義経済学」と差別化した。

**近代経済学**
限界分析と極大原理という分析手法をもとに、消費者行動の理論を取り入れて、1870年代に生まれ、発展してきた。

**俗流経済学**
〈俗流経済学は、ただ外見的な関連のなかをうろつき廻るだけで、いわばもっとも粗けずりの現象を、尤もらしくわかったような気がするように、またブルジョアの自家用に、科学的な経済学によってとっくに与えられている材料を、たえず繰返して反芻し、しかもその上に、ブルジョア的な生産代理者が彼ら自

**鎌倉**　今日は私の講座の第1回目ですから、特に第1回目ではこういう点は少なくともはっきりしておきたいという点を述べます。それは「資本」とはなにか、その本質を明らかにすることです。

それには『資本論』の成り立ちについて知る必要があります。マルクスは、『資本論』以前の著作から、さまざまに試行錯誤をしています。マルクス自身の「資本」の規定が、思考が深まるにつれてどんどん変わりました。それなのに、『資本論』以前のマルクスの考えにとらわれて、資本の本質がみえなくなっている人が多いのです。

そこで、まず『資本論』を読むにあたって重要な点を、その成り立ちを中心に解説しておきたいと思います。

## 労働の本質的な意味

**鎌倉**　マルクスは、ヘーゲル左派※哲学者、フォイエルバッハ※の哲学を継承しています。フォイエルバッハ哲学そのものではないのですが、現実を基盤にしながらいかにフォイエルバッハを生かすかという方向で継承

身の最良の世界についてもっている平凡でうぬぼれた観念を、体系化し、小理屈づけ、しかもこれを永遠の真理として宣言する、ということに限られているのである。〉（『資本論』岩波文庫［一］146ページ）

**ヘーゲル左派**
ドイツの哲学者、ヘーゲルの没後、1830〜40年代のドイツで昂揚した自由主義運動を背景に、ヘーゲルの哲学体系のなかで、革新面を継承した若い層のヘーゲル学徒をヘーゲル左派と呼ぶ。

**ルートヴィヒ・フォイエルバッハ（1804年〜72年）**
ドイツの哲学者。主著『キリスト教の本質』（1841年）で、神を人間の本質であるとし、社会性の宗教的疎外態であるとし、マルクスやエンゲルスらに影響を与えた。

しています。その考えを基盤に『経済学・哲学草稿』を１８４４年に出しました。

　マルクスが生まれたのは１８１８年です。だから、この論文は20代半ばの著作ですね。この『経済学・哲学草稿』は文庫版で翻訳が出ています。このなかでマルクスは、すごく重要な認識を提示しました。特に私たちがとらえなければならないと思うのは「労働疎外※論」です。人間疎外論、それを労働疎外論ということで明確にしようとしているのです。「資本主義においては、私有財産を持った者が労働者を支配する。労働者の労働を獲得してしまう。本来ならば労働してつくった生産物は労働者に所属していいはずなのに、資本主義はそれを資本家が取り上げてしまう」という労働疎外論を『経済学・哲学草稿』で明確にしています。

　この労働疎外という概念をもっと展開すると、『資本論』のなかにも共通するとらえかたが出てくるわけです。

『経済学・哲学草稿』は、まだ『資本論』体系ができる前に、人間が労働することの本質的な意味を明らかにしています。それは、「労働は人類としての行動であり、他の動物にはない、人間固有の労働というもの

**疎外**
人間がつくった商品や貨幣、制度などが、逆に人間を支配し、それによって人間性を失う状態。マルクスは、この用語をヘーゲルの『精神現象学』（１８０７年）から継承し、『経済学・哲学草稿』（１８４４年）では、人間的諸力の自己疎外と、そこからの自己獲得という視点から、社会主義・共産主義の礎を定めようとした

の性格がそこにはっきりと表れている」ということです。

労働して生産物をつくるなかで、私たちの生存基盤である生活が維持されます。その労働をするところに人間の人間としての本質が示されるのです。これをマルクスは何よりも「意識性」ととらえました。意識的な行為だというわけです。

人間は意識ある存在なのです。サルにも意識があるという議論がありますが、それはあり得ない。ここでいう意識とはどういうことか説明します。意識というのは、自分の行為を自分で反省できるということです。これはすごいことだと思います。自分の行動、あるいは自分の考え方を含め、自分で検討する対象にできる。自分を点検できるということです。それが労働のなかではっきり表れる。たとえば、仮に失敗したとします。人間は、なんで失敗したのかと、その失敗の原因そのものを分析、解析できます。そうすると発展することができるわけです。

そういう意識性、そしてそれに基づく新しいものを創造していく能力＝創造性、そしてその労働を実現する同じ仲間との共同性＝共同連帯関係、これが人間の人間としての本質的性格の発揮なのだとマルクスは言っています。それが資本主義においては資本によって奪われてしまう。人間の本質の発揮である労働が、資本の金儲《もう》けの手段にされてしまう。労働によってつくられた生産物が資本家によって奪われてしまう。この「労働の疎外」をいかに脱却するかということが、マルクスがずっと方向として考えていた社会主義の実現だったと思います。

## 資本による労働者支配

**鎌倉**　労働の本質的な意味を明らかにしたのが『経済学・哲学草稿』でした。しかし、「なぜ資本が労働者の労働した生産物を取り上げてしまうのか。その根拠はどこにあるのか」ということを、マルクスはまだ明らかにすることができませんでした。「資本がなぜ労働者を支配するにいたるのか」。それは理論的に解明しなければわからないことだったのです。

そこでマルクスは、それを論理的に解明しようとしていきます。その成果が、初期マルクスに位置づけられる１８４５年に出された『ドイツ・

イデオロギー』です。この著作は、マルクスと、マルクスの一生の同志エンゲルスとの共著です。

この『ドイツ・イデオロギー』の経済に関する基本的なところはマルクスが全部書いています。「なぜ資本が発生してきたのか」について説明しています。人間社会の最初の出発点には私有財産はありませんでした。つまり、財産を独り占めにして自分自身で勝手に使うことはなかった。資本なるものも存在しなかった。

そして社会がだんだん発展してきて私有財産が形成され、資本が形成され、それが労働者を支配するようになったのです。その資本の発生の根拠をマルクスはどこに求めたのでしょうか。簡単に言うと「分業」です。

現在だって分業のない労働はありません。社会を存立、発展させるのに必要不可欠な仕事をみんなそれぞれ分担し合っています。電車を動かして人間を運ぶということ一つ考えても、それは労働者がお互いに分業し合いながら共通目標を実現しているわけです。

そういう分業がだんだん発展していき、生産物が豊かに生産されるようになる。そういうなかから私有が始まり、私有財産が形成される。貨幣が生まれてくる。その貨幣をさらに独り占めにするような資本が生まれてくる。こういうとらえかたです。そして、資本が労働者を支配するようになったということです。

この『ドイツ・イデオロギー』で示された考え方が、マルクス主義による人間社会発生・発展論、資本主義発展論のベースに置かれていたと言っていいと思います。

先ほども説明したとおり、『ドイツ・イデオロギー』はマルクスとエンゲルス※との共著です。私は、エンゲルス自身の理論の発展は、この著作の水準を超えなかったと感じています。

エンゲルスが1880年に社会主義への入門書としてつくったパンフレット『空想から科学へ』を、マルクス主義の本当のわかりやすい解説書であるととらえている方が多いと思います。『空想から科学へ』は、エンゲルス自身の著作『アンチ・デューリング論（反デューリング論）』（1878年）を抜粋してつくりました。そして、『アンチ・デューリング論』は、『ドイツ・イデオロギー』をさらに具体的に展開した内容です。

※**フリードリヒ・エンゲルス（1820年〜95年）**
国際プロレタリアート運動の指導者。マルクスとともに共産主義理論の建設と労働者階級の解放に生涯を捧げた。『資本論』第2巻以降のマルクスの遺稿を整理し出版した。〈父親の共同出資会社のあったマンチェスターで書かれた論文「経済学批判大綱」（1844）はマルクスの眼を経済学に向けさせ、著書『イギリスにおける労働者階級の状態』（1845）はドイツでも評判になった。1844年時点でのエンゲルスは、哲学的能力、修辞的表現は別として、経済学の知識、貧困問題、社会主義運動に関しては、おそらくマルクスよりも進んでいたと思われる。〉〈社会主義運動においてもエンゲルスはイギリスのチャーチスト運動や義人同盟と以前から関係しており、マルクスの先導役となったことも疑いな

い。）（『岩波哲学・思想事典』１７１ページ）

## 労働力の商品化とは

**鎌倉**　しかし、マルクスは『ドイツ・イデオロギー』をエンゲルスと共著でやってみたのだけれども満足しなかったのです。そこで、マルクスは全部、最初から理論構築をやり直したのです。

　マルクスは思索の対象を次第に経済学に特化していきます。１８４９年に出した『賃労働と資本』は、１８４７年のドイツ人労働者協会でマルクスが講演したものを、後に『ライン新聞』に掲載したものです。ここでマルクスは資本主義経済の分析をかなりコンパクトな内容で示しました。『賃労働と資本』でマルクスは資本に対し労働者がどういう状況に置かれているかについて書いています。

　ただ、いま出回っている『賃労働と資本』は実はマルクスの死後、１８９１年にエンゲルスが修正をくわえた新版です。エンゲルスは、『資本論』が完成したときの概念を使って『賃労働と資本』をかなり修正しています。どこを修正したかと言いますと、マルクスは旧版で「労働の売買」と書いていました。「労働」と「労働力」の違い、労働力の商品化、労働力の売買ということをまだ『賃労働と資本』のなかでは、はっきり概念として明確にしていませんでした。

これに対して、マルクスは『資本論』では、「労働力、すなわち人間の労働する能力を自分で使えないで、資本家に売らなければならない」としています。これが労働力の商品化です。なぜか。ここが重要な問題です。そういう労働力を雇って資本家が労働力を使うときに労働が発揮される。つまり、労働力を使って実際に発揮したときに行なわれるのが労働であるということです。それを発揮するのに必要なのは生産手段です。原料や機械、道具があって初めて労働力が発揮できるわけです。

## 「資本」とはなにか

**鎌倉**　では、マルクスは資本をどうとらえていたか。これが大切な問題です。『資本論』を読んで、資本とは何かをとらえていない人はずいぶんいます。『資本論』の解説を一生懸命読んでみても、資本と賃労働の関係はわかったが、そもそも資本家、資本家と言うが、資本家ってなんなのかわからないという人が多いのです。資本の所有者が資本家という答えがあるでしょう。では、その資本とは一体何なのか。

先ほど述べた『賃労働と資本』で、マルクスは資本をどのように規定していたか。マルクスは次のように定義しています。「資本は、新しい原料、新しい労働用具、新しい生活資料を生産するために使われるあらゆる種類の原料と労働用具と生活資料から成っている。」

つまり資本とは労働が投下されたもの、すなわち原料であり、機械であり、労働用具である。生活資料もそうで、労働によってつくられたものです。それが資本だと言っているのです。

え、そうですか、という疑問をお持ちになると思います。マルクスは蓄積された労働イコール資本ではない、としている。つまり、労働生産物が資本になるには特殊の条件が必要なのだと言っている。

マルクスはどう言っているか。黒人は一定の諸関係の下で奴隷になる。黒人奴隷になります。紡績機械は紡績するための機械である。一定の諸関係の下でのみ、それは資本となる。その諸関係とは何か。ここが重要です。この諸関係、特殊な生産関係の下で道具や機械は資本になると言った。その特殊な生産関係とは何なのかというと、資本家対労働者との生産関係であるというとらえかたです。資本は一つの社会的生産関係である。こうとらえたのです。資本が生産関係となると、生産過程における支配者と被支配者、支配する者と支配される者の関係です。そこで使われる機械、つまり支配者が労働者を支配するために使ったものが資本であるという規定でした。

## 「資本」規定の変化

**鎌倉**　実は、『資本論』でもこういう資本の規定がまだ残されていたのです。ところが、『資本論』は資本の規定を明確に確立してきました。第1巻第4章「貨幣の資本への転化」をぜひ読んでもらいたいのです。今日のテーマを繰り返しますと、資本とは何かということの基本と、労働力商品化とはどういうことなのかということが中心です。

岩波文庫版では『資本論』の第1冊255ページ。第2篇「貨幣の資本への転化」です。第4章「貨幣の資本への転化」の第1節で「資本の一般定式」が出てきます。最初に「商品流通は資本の出発点である」「商品生産と、発達した商品流通である商業は、資本の成立する歴史的前提をなしている」「世界商業と世界市場は、一六世紀において、資本の近代的生活史を開始する」と記述しています。

そして、一般定式が出てきます。資本の一般定式。ここで出てくる資本の定式が、マルクスがとらえた資本の根本的規定です。それが有名な「ゲー・ヴェー・ゲーダッシュ（G―W―G'）」です。貨幣を投じて商品を買い、その商品を売ってお金を増やす運動です。

これは流通運動です。商品を買って、商品を売って、お金を増やす。これは資本の資本としての規定、本質規定なのです。これを文字どおりとらえると、資本は商人資本である。外国貿易を担当していた商人から資本が出発したのだということが明確になります。

先ほど資本は生産関係と言っていた。資本は生産関係だと言っていたのに、この説明だと流通運動だから生産は関係ないわけです。ものを買って、ものを売って儲ける。これが資本だというわけで、こういう資本の規定に至るまでにマルクスはかなり考え方を修正してきています。これがわからないまま、『資本論』を説明するのに「資本は生産関係である」という説明を依然としてしている人が多い。ただ、実はこれも意味がないことではないのです。

関連して、『資本論』の最後の部分を見てみたいと思います。「三位一体の定式」（第3巻第48章）です。岩波文庫版『資本論』で言うと9冊目の最初の部分です。三位一体は、資本—利潤、土地—地代、労働—賃金ということです。資本を持っていると利潤が得られる。土地を持っている土地所有者は地代収入を獲得できる。労働者を含め、労働をしている人の対価は賃金である。土地・資本・労働と要素が三つあるわけですが、この三つが貨幣所得を獲得していく。この体系を三位一体の体系と言いました。ただ、この部分が実際に書かれたのは、『資本論』の第1巻ができる前でしたから、この三位一体の中に出てくる資本の規定は、『賃労働と資本』の、資本の規定のレベルにとどまっていた面があると思います。

岩波文庫版『資本論』9冊目の8ページ3行目に、「資本・土地・労働！しかし、資本は物ではなく、一定の社会的な、一定の歴史的社会構造に属する生産関係」と言っています。資本は生産関係であると言っているのです。なぜ生産関係なのかという話です。

## 資本は流通運動である

**鎌倉**　宇野弘蔵は「資本は流通運動」だと明確に規定しています。「ゲー・ヴェー・ゲーダッシュ（G―W―G'）だ」と。資本主義以前から商人資本も高利貸し資本もあったのです。金を貸して利子を獲得する高利貸し資本も資本です。それから、資本主義を確立する過程において初めて産業を支配する資本、産業資本が成立してくる。初めて産業資本が成立したときに、資本は生産関係を支配することになると宇野弘蔵はとらえたわけです。

資本家は労働者を生産過程で支配します。資本と労働の関係が成立します。そこで生産関係ととらえるとらえかたが出てきたのですが、この生産関係がイコール資本ではないのです。資本とは流通運動なのだから。

ところが、資本とは生産関係だという理解がまだ多い。この誤解の原因になっているのは何か。それは、資本主義以前の資本と資本主義が確立したときの資本と、資本の性格が違うようにとらえてしまっているからです。

その理解だと、資本主義が確立したあとの資本を近代的資本と言うのですが、それに対し資本主義確立以前の資本、商人・高利貸しの資本を前期的資本と言うのです。こういった主張を見ると、資本の本質が近代的資本と前期的資本では違うようです。

しかしいま、ブラックな企業、ブラックな資本とか言われますが、資本は本質的に全部ブラックです。自分の利益を最大限に獲得しようというのが資本の資本としての本質です。ブラックでない企業、ブラックでない資本というのは、本質を隠蔽しています。それはともかく資本は流通運動だというとらえかた自体は、論理が発展しないと形成されなかった認識だったということははっきり理解しておいてもらいたいのです。



## 三位一体の定式とは

**佐藤**　ここまでのところで、いくつか言葉の整理をしておきたいと思います。日本人が日本語で『資本論』の用語を聞いた場合と、『資本論』をドイツ語や英語やフランス語で読んだ場合とでは、やはりニュアンスの差が出てくると思います。

いま、「三位一体の定式」が出てきましたが、日本語では「三位一体」と訳すことが多いのですが、これは「Trinity」の訳です。「位」は位格という意味で、「体」はからだという意味です。だから、三位一体には一つの解釈が入っているわけです。ですから、同志社の系統の神学者は「三一（さんいつ）」と訳します。これは、父・子・聖霊なる神が、唯一の神であるが、それを人間の限られた知性で解明することはできないという立場です。だから三と一をくっつけて三一という。

資本主義は三位一体だと聞くと、ヨーロッパ的なコンテクストのことだったら「訳がわからないことを説明している」と感じるわけです。ですから、労働者は労働を所有している。土地所有者は土地を所有しているから地代をもらえる。資本家は資本を持っているから利子がもらえる。このような訳のわからない形で一体を成しているニュアンスがドイツ語や英語からは伝わってきます。ちなみに、小泉純一郎[※]さんが「三位一体の改革」と言いましたが、これは本当に訳のわからない改革でした（笑）。

それから、日本の特殊的な議論の中でわれわれが押さえておかないといけないのは、「疎外論はだめで物象化論はいいのだ」という議論をしたがる人が、マルクスを少しかじった人には多いということです。

これは廣松渉さんの影響ですが、これは世界的に見れば、極めてローカルな、特殊な議論です。最近は南京大学の『資本論』研究にも、この議論が少し入ってきていますが、あまりそこにとらわれないほうがいいと思います。

疎外論的な考え方は生涯マルクスの中にありました。資本主義社会のなかでの労働者は本来のあり方と違うんだぞ、人間はものではないのだから労働力商品なんていうものは徹底的に違うんだぞ、最後には反発するのだ、という鎌倉さんの考え方の基本は疎外論です。鎌倉先生と中村[※]健三さんの共著で、廣松哲学を徹底批判した『「廣松哲学」の解剖――「関係の第一次性論」の意味』（社会評論社、１９９１年）があります。これは皆さんにもぜひ参考書の一つとして読んでほしいと思います。

**小泉純一郎（１９４２年〜）**〈政治家。神奈川の生まれ。昭和47年（１９７２）父・純也の地盤を継いで衆議院議員に当選。厚相・郵政相などを歴任。平成13年（２００１）自民党総裁選に3度目の挑戦で勝利し首相に就任。靖国神社を公式参拝し、翌年には日本の首相として初の北朝鮮訪問で首脳会談を実現。内政では郵政事業民営化が持論で、同17年、与党議員の造反で民営化法案が参議院で否決されると衆議院を解散、9月総選挙で歴史的大勝。10月に同法案を再提出し成立させた〉（デジタル大辞泉）。東日本大震災による東京電力福島第一原発の過酷事故後は、脱原発を唱えている。

**中村健三（１９５１年〜）**横浜市立大学卒業。主要論文に「マルクス商品論におけるヘーゲル的構成」（『唯物史

## 『ドイツ・イデオロギー』

**佐藤**　『ドイツ・イデオロギー』に関して説明します。『ドイツ・イデオロギー』のどこをマルクスとエンゲルスのどちらが書いたかという「持ち分問題」については、特に廣松渉さんが細かくやっている「エンゲルス主導説」という分析があります。この分析には説得力があります。

ところで、いま岩波文庫から出ている『ドイツ・イデオロギー』は、世界で日本にしかないバージョンです。圧倒的大多数の世界中の人が読んでいる『ドイツ・イデオロギー』は、その前の版、つまり古在由重※さんが訳していたアドラツキー版です。廣松渉さんは、持ち分問題とかいろいろな問題を細かくやっていますが、結論から言うと、私は『ドイツ・イデオロギー』の思想を理解するうえで、あまり大きな意味のある話ではないと思っています。木を見て森を見ない、ということにならないようにするために、大枠で鎌倉先生がおっしゃっていたようにとらえていくことが重要だと思います。

ただ一つだけ指摘します。廣松さんたちのやっていた業績で重要なの

観』第25号、1983年）など。

**古在由重（1901年〜90年）**〈昭和7年戸坂潤らと唯物論研究会を設立。治安維持法で2度検挙される。戦後は民主主義科学者協会哲学部会の中心メンバーとなる。〉（デジタル版日本人名大辞典＋Plus）

は『ドイツ・イデオロギー』や『経済学・哲学草稿』の中にもう一人の隠れた第三の著者がいたということの提示です。これはモーゼス・ヘスという人です。モーゼス・ヘス※は『共産党宣言』以降も、第一インターナショナルにも加わっていますが、後にシオニズム※の理論家になります。その関係があるので公式のマルクス主義の世界から完全に排除されてしまっている人ですが、このモーゼス・ヘスが持っていた終末論は、意外とマルクスと共通するところがあります。

先ほど鎌倉先生は、エンゲルスは『ドイツ・イデオロギー』の前に『経済学批判大綱』を書き、経済学の勉強を一回仕上げてしまい、そこからあまり発展していないと言われました。そうするとエンゲルスは、マルクスが最終的にたどりついた観点からではなく、『資本論』2巻と3巻の編纂をしたことになります。もちろん、エンゲルスはマルクスのつもりになって一生懸命編纂しているのですが、今の2巻、3巻の編纂をマルクスの考えとしてそのまま受け止めていいのかどうかという深刻な問題が文献学的にはあります。

ちなみに、第1巻のマルクスの『資本論』の書き方は、日本ではあ



**モーゼス・ヘス**
**（1812年〜1875年）**ドイツのユダヤ系社会主義者、哲学者。

**シオニズム**
〈一九世紀末、ユダヤ人迫害の高まりの中で、ヨーロッパに起きたユダヤ人の国家建設運動。1948年のイスラエル建国をもって目的は一応の実現をみたが、新たなパレスチナ問題を生み出すことになった。〉（大辞林）

まり指摘されていませんが、「タルムード文書」という、ユダヤ教の「モーセ五書」※の解説書の書き方に非常に似ています。編注に注を書き、さらにそれに注を重ねていくスタイルです。

そして、マルクスが直接まとめた『資本論』の第1巻、岩波文庫版1分冊から3分冊までと、4分冊以降のエンゲルスが編纂したものとでは文体が全然違うのです。文体が違うということは、思想が違うということです。

## 『共産党宣言』

**鎌倉**　次に1848年の『共産党宣言』に行きましょう。これはマルクス主義の典型的な党宣言です。共産主義をいかに実現するかということを書いています。内容について詳しくお話しする時間はありませんが、『共産党宣言』で二つだけ指摘しておきたいと思います。

一つは、『共産党宣言』は二大階級論だということです。資本家対労働者です。賃労働と資本でもそうです。資本主義を構成する階級は二つ

**モーセ五書**
旧約聖書の最初の五書「創世記」「出エジプト記」「レビ記」「民数記」「申命記」の総称。

の階級、支配階級と労働者階級だけれども、支配階級というのは資本家階級である、としています。

ところが、『共産党宣言』の最後に提言が出てくるのですが、そこでは土地私有を廃絶して社会的所有、国有にすると言っているのです。それなのに本文の中には階級関係として地主、土地所有者が入っていない。資本家と土地所有者が一体になって支配階級を構成するというとらえかたです。

『資本論』でマルクスが訴えているのは三大階級論です。資本家、賃労働者、土地所有者です。『共産党宣言』との違いで決定的に重要なのは、『資本論』では資本家と土地所有者が階級として分かれており、一定の対立関係にあるというとらえかたをしていることです。

ここではこれについてなぜそうなのかという論理はおいておきますが、要するに『資本論』は三大階級論からなっているということ。資本主義社会は階級社会だというとらえかたは間違いではありませんが、なぜ階級が形成されるのか。そして、三つの階級になる理由はどこにあるのか。ここが重要な問題です。この点を『資本論』が全3巻を通して論理的に明らかにしようとしているのです。これがまだ『共産党宣言』を書くときにはなかったとらえかただということです。

## 『共産党宣言』の落とし穴

**鎌倉**　もう一つは『共産党宣言』は恐慌※革命論だということです。恐慌が繰り返されていく間に大規模になる、世界的な恐慌になる。それは世界市場恐慌です。そして、その恐慌が革命の序説の契機になるという恐慌革命論だったのです。

　今でも恐慌は革命の契機というとらえかたをする人が多いのです。ところが、現実社会では恐慌を何度も何度も繰り返していますが、それが革命の契機となっているかというと、そうは言えません。

　マルクスとエンゲルスの往復書簡を読むと面白いのですが、１８５７年恐慌に関してマルクスとエンゲルスは書簡をやりとりしています。マルクスはエンゲルスに、「恐慌が激化している状況の中で労働者階級はどういう状況なのか」と聞いているのですが、恐慌は革命までいかなかっ

**恐慌**
資本主義経済は、好況・恐慌・不況の規則的な反復を繰り返す。恐慌は、資本蓄積の矛盾──資本の資本としての過剰──を、資本自ら大損失を負いながら解決──過剰の自力処理──する資本の再生産・蓄積運動の一局面という（本書124～127ページ参照）。1929年に始まった大恐慌や、2008年9月15日のリーマンブラザーズ破綻をきっかけとする金融危機を恐慌ととらえる者が多いが、資本過剰の形成も、その破綻、そして破綻からの回復も、資本の自己運動、自力解消を超えている点で、「危機」ととらえなければならない。宇野弘蔵に著作『恐慌論』がある。

た。結局、景気が回復してくると賃労働者の雇用が増えてくるし、賃金も若干上がるので不満が吸収されてしまうのです。

だから「恐慌から革命へ」というマルクスとエンゲルスの考え方は、1857年恐慌を契機に革命情勢になっていないことで否定されるのです。そこでマルクスは、また恐慌が繰り返し行なわれるのではないかと考えます。マルクスは、1857年恐慌を契機に、恐慌革命論が現実に今すぐ示されることではない、と論じます。

そこで『資本論』を展開していく中で恐慌論はどう位置づけられたか。資本主義経済の枠の中で資本が過剰になって恐慌になるが、もう一回資本主義の枠の中で整理されて景気上昇となる。つまり、資本主義経済の中の運動法則だというとらえかたになってくるわけです。恐慌革命論を論理的にもなくしていく。恐慌というのは資本主義の資本の運動法則であり、革命はそこからストレートに必然的に出てくるわけではない。

労働者が権力を握るという方向にいかないと革命になりません。恐慌の中で労働者はどういう意識を持ち、どういう運動をするか。それは資本を主体とする体制を変えるという主体の意識と行動がなければ革命は起きない。そういうことで『資本論』では恐慌革命論はなくなります。
この二つを指摘しておきますが、佐藤さんはその点、なにかありますか。

**佐藤** 『共産党宣言』に関して付け加えますと、モーリス・コンフォースという1909年生まれのイギリス共産党のマルクス主義者、スターリン※主義者がいます。この人が1953年に、スターリンによって一応経済体系ができたというところでマルクス主義の文献案内をしています。この中で、コンフォースは、「『共産党宣言』を最初に読むのはよくない、混乱する」と言っています。これは実はコンフォースが『共産党宣言』をよく読んでいるからなのです。『共産党宣言』の中には「社会主義」という言葉がいくつも出てきますが、その中の例えば「反動的社会主義」というのはナチスに近いわけです。あるいは「封建的社会主義」は発想としてはカトリック教会の社会派と近いような気がする。そのようないろいろな社会主義に対する批判であるとか、いろいろな綱領が出てくるのです。

『共産党宣言』をそのまま素直に読むならば、「女性共有制」というものがテキストの素直な読み方です(笑)。どうしてこういうことになる

**ヨシフ・スターリン(1879年～1953年)**
1920年代末から50年代初めにかけてソ連共産党の指導者としてソ連型社会主義の基礎を作り上げた。その際、急速な工業化と農業集団化を強行するにあたって一党独裁のもと国民各層を抑圧。批判的・非協力的な反対派や知識人などを大量に粛清した。この結果、本来は多様性に富んでいた社会主義運動に権威主義と官僚主義をもたらしたと批判される。

のか。第一インターの中にはアナーキスト※や、さまざまな社会主義者、あるいは共産主義者がいる中で、マルクスとエンゲルスにまあまあまとめたコンセンサスをつくってくれという形でつくった文章が『共産党宣言』なのです。どこまでがマルクス、またエンゲルスが本当に真剣に考えたのかがはっきりしないテキストですから、非常に読み解きが難しいわけです。ですから、『資本論』9巻（岩波文庫版）を読むのは面倒くさいから『共産党宣言』だけ読んでスキップして、マルクスの経済学説やマルクス主義がわかると思うと、これは大きな勘違いをしてしまうことになります。

## 『資本論』のプラン

**鎌倉**　佐藤さんの指摘が重要ですね。マルクスは、欧州大陸から追われてイギリスに渡ります。イギリスに渡ってからマルクスはもう一度経済学の勉強をやり直します。これはすごいことです。そのやり直しをしながらマルクスは『経済学批判体系』ということで、スミス※、リカード※等

**アナーキスト**　無政府主義者。

を含め、従来の古典経済学を全部総括しようというプランを立て、執筆を開始していくのです。

これがレジュメ（1）2「『資本論』へ」というところです（巻末付録2参照）。マルクスのノートが1857年、58年の『経済学批判要綱』（7冊ノート）という形で出されます。翻訳も全部できており、『資本論以前』というタイトルです。新しい『マルクス・エンゲルス全集』の中にすべて載っています。

この7冊ノートでは、マルクスは方法上、迷ったというか、こうやったらどうだ、ああやったらどうだということを必死で考えています。そして、『経済学批判』の続編として『23冊ノート』が1861年から63年に書かれるのですが、その中でマルクスは「経済学批判体系プラン」を何回もつくり直しています。こういうプランで資本主義を論理的に総括しようとしている。

まず、資本・賃労働・土地所有が資本主義の三大階級であるとし、それを国家で総括するというのです。そして、その国家間の関係である外国貿易、つまり国際関係、それから世界市場と恐慌が経済批判体系プラ

**アダム・スミス（1723年～90年）**
経済学の創設者と呼ばれる18世紀最大の経済学者。主著『国富論』で、重商主義を批判し、富は金銀ではなく、労働によって生産される生産物であると規定した。そして、労働の生産力を高めることによって、国民の富である年々の生産物の量を増すことができるとし、農業・製造業に資本を多く投下すべきだと主張した。

**デヴィッド・リカード（1772年～1823年）**
アダム・スミスに次ぐ古典派経済学の担い手。主著『経済学および課税の原理』で労働価値説を徹底させ、商品の価値の大きさは、生産に投下された労働量で決まるとした。

ンの骨格でした。ですから、国家論が三大階級論の総括としての国家というものを打ち立てているわけで、こうした形で国家論を位置づけようとしていたのです。この点もすごく重要です。

この『週刊金曜日』の講座は資本主義と国家ということで、国家の問題まで位置づけようと思っています。しかし、『資本論』のマルクスになってくると、国家は『資本論』体系の中からは外れます。位置づけがなくなるのです。ここも重要なポイントで、最後は世界市場と恐慌になっていった。これも恐慌を通した革命なのです。世界市場の大爆発、大恐慌、それから世界革命へと進むという展望をマルクスは考えていたと思います。そこで『資本論』を書き出すのです。

## 「労働・生産」の位置づけ

**鎌倉**　『経済学批判体系』を書き出す一番の出発点が『経済学批判要綱』ですが、この『経済学批判要綱』の最初に位置づけようとしたテーマは「労働・生産」です。資本主義を理論的に解明しようという論理を立てようとしていたのですが、その出発点に置かれた第1点は労働・生産です。労働・生産活動を通してつくられた生産物が商品として交換され、その交換過程の中から何とでも交換できるものとして貨幣が生まれてきた。これが商品交換、商品流通です。その商品流通をベースにして資本が形成されてくる。商品—貨幣—資本の発展という論理が構成されてくるのですが、その商品を解く前提として労働生産過程を位置づけようとしていたのです。

これは『ドイツ・イデオロギー』の、「分業が出発点だ」という構想と共通すると言っていいと思います。あるいはもっと言うと、人間社会の根底は実は労働だということです。労働を通して人間生活に必要不可欠なものをつくる。労働過程がなければ人間社会はそもそもないし、資本主義も成立しない。そうすると根底から資本主義を解こうという構造が出てくると思います。労働生産を通して生産物が生産され、生産物がだんだん豊富になっていく。そこから貨幣が生まれ、資本が生まれる。こういう構想だったと思います。

ところが、「労働・生産から資本へ」という解き方は具体的にできなかった。というよりも『経済学批判要綱』を読んでいただくとわかりますが、いきなりRicardian Socialism（リカード派社会主義）という言葉が出てきます。これはエンゲルスに言わせると空想的社会主義の一つですが、アルフレッド・ダリモンという人がいて、資本主義においては金を中心とした貨幣が支配していると言いました。労働者が貨幣に支配されるという関係が形成されてくるから貨幣改革をやろう、労働貨幣論をつくろうと言いました。労働した者にその労働量に応じてキップ、労働貨幣を渡す。そうすると、その労働量に応じてつくられた生産物を交換できる。そういう労働貨幣論を発明して、これを流通させたら貨幣による労働者の支配はなくなるという構想をリカード派社会主義は立てるわけです。

これはアルフレッド・ダリモンの説ですが、それをマルクスは批判するのです。そんなことはできない。全くの空想だ。劇場キップに換えるようなものだけど、資本主義は貨幣を劇場キップに換えるなんていうことはできない。貨幣は貨幣であり、何で貨幣が商品を支配し、労働者を支配するのか。ここのところは解かなければいけないということを、マルクスは必死で考えます。

## 『経済学批判』の貨幣論

**鎌倉**　貨幣がなぜ商品を支配し労働者を支配するのかからマルクスは思考を開始したものですから、労働生産の基盤というところからの論理は解かれていなかった。それでよかったと思うのですが、それで『経済学批判要綱』は資本までできて、そして資本の成立根拠を解き明かそうと、かなり明確に資本も流通運動から形成されてきたということを言いながら、しかし、やはり資本の根拠は労働にしかないとしました。そこで「資本は労働という根拠に立ち戻る」という言葉を使っています。zurückgehen（元に戻る）というわけです。商品経済の出発点の労働、資本が成立したときに、資本はその根拠に戻るというとらえかたをしたのです。

　ところが、この論理も明確に確立できませんでした。なぜ資本は根拠としての労働に立ち戻れるのか。それが労働力の商品化だったのです。

明確に労働力がなぜ商品になるのかという論理が築かれていなかったので、解けなかった。それからマルクスは論理の組み立てを変えていきます。その結果、まず商品・貨幣論が独立して完成します。完成した著作が『経済学批判』であり、１８５９年に出版されます。

この『経済学批判』は第１章商品、第２章貨幣または単純流通となっていますが、商品に関しては商品に関連する学説批判をします。マルクスの当時に至るまで、商品に関していろいろな学説がありましたが、それを徹底的に批判します。貨幣ですが、貨幣論はほぼ完成します。むしろ、読む人によっては、『資本論』の貨幣論よりも『経済学批判』の貨幣論のほうが面白いと言います。内容が豊かだととらえる人がいるのです。『経済学批判』は未完ですが、『経済学批判』の貨幣論を独立して読む価値は十分にあると思います。

## 貨幣に関する学説の重要性

**鎌倉**　そして、この貨幣に関する学説はすごく重要です。貨幣に関する学説を詳しく展開しています。ここで特に重要なのは※ジェームズ・ステュアート（1712～1780年）です。この人は重商主義の最後の代表者で、アダム・スミスの『国富論』が出されるのが1776年ですが、その10年前の1767年にジェームズ・ステュアートの『経済学原理』（Principles of Political Economy）という膨大な書物が発行されます。これをマルクスはたいへん高くかっています。重商主義とは商人の活動が富を増やす根拠を担っているというとらえかたをする学説であり、有名なのは※トーマス・マンです。外国貿易の進展がイギリスにtreasure（財宝）をもたらすと言っている。東インド会社の重役をやった人ですから、自分の活動がいかにイギリス王国の富を高めるかなんていう本を書いたわけです。その重商主義の最後の代表者がジェームズ・スチュワートです。

　この人は貨幣論を、マルクスがまとめた貨幣論に近いところまで展開していきます。貨幣論については、『資本論』ですと第3章になりますが、『経済学批判』だと第2章です。あらためて詳しく論理的に説明したいと思いますが、そういう貨幣論、貨幣に関する学説をやったのが『経済学批判』です。その続編として第3章、資本から展開を始めたのが『23

**ジェームズ・ステュアート（1712年～1780年）**
英国の経済学書。（重商主義の理論を体系化し、流通主義的視点に立ちながらも生産過程の分析を試みた。）（デジタル大辞泉）

**トーマス・マン（1571年～1641年）**
イングランドの実業家・経済理論家。

冊ノート』です。マルクスは23冊にわたるノートをどんどん書いていきます。１８６１年から63年まで３年間、ずっと書き続けていきます。

そのノートが第３章、資本です。『経済学批判』のタイトルは、第１章商品、第２章貨幣または単純流通、そして第３章資本。それを展開していくわけです。出発点は「貨幣の資本への転化」ですが、まだ『資本論』の第１巻第４章の「貨幣の資本への転化」にまでは純化されていません。いろいろ複雑な要素が入っています。

その間にマルクスはプランに即して「資本、賃労働、土地所有」、「国家・外国貿易・世界市場」と書いていきますが、その資本についてどのように論理を組み立てていくかということのプランをいくつも出しています。『資本論』というタイトルはまだそのときにはありません。『経済学批判体系プラン』を何通りも出しています。資本に関するプランでは、資本・一般、資本・特殊、資本・個別というようなとらえかたが出てくる。資本一般、特殊な資本の種類、個別の資本、それをとらえたら資本が全部総括できる資本の完成形態（それは株式資本）です。

## 資本の完成形態は株式

**鎌倉**　この構想は、『資本論』にも継承されるのですが、資本の資本としての完成形態、個別で自立できる形態。それは何だと思いますか。株式です。株式資本は資本の最高の、そして最後の形態、すなわち完成形態ということです。ただ、株式にまで至る論理の展開はありません。これはプランの中に出てきているだけです。そして、このプランを『資本論』は生かすのです。論理的に解き明かしていく。これがとても面白いのです。

そういうことで『23冊ノート』ができるのですが、これは第3章資本（資本一般）ということで、資本がいかに金儲けを実現するか、剰余価値の生産を解明しようとしています。労働力という概念がようやく明確にされてきますが、Arbeitkraft（労働力）という言葉はまだ使われていません。

Arbeitkraftという言葉は『資本論』になるとはっきり確立しますが、『23冊ノート』ではほとんどVermögen（能力）という言葉が使われています。

それで労働力という概念が確立していくようになるのですが、こういうことで、マルクスは61年から書き始めていきながら、62年末に『経済学批判体系プラン』という本のタイトルをやめます。※クーゲルマン宛の手紙（1862年12月28日付）で「いま書いている『経済学批判体系』を『資本論』というタイトルにする」と言っています。ここでようやく『資本論』の構想が確立するわけです。ただ、『資本論』の中身そのものはまだ煮詰まっていないところがあります。『資本論』に関連するノート、第3巻に関連するノートなどが61〜63年に書かれたノートの中に断片として入ってきています。今ではこれも全部読むこともできますし、分析できます。

**佐藤**　大月書店からそこのところは全訳が出ています。

## なぜ富が増えるのか

**鎌倉**　こうして『資本論』というタイトルがようやく確立したわけです。実は、『23冊ノート』は「資本と剰余価値」、資本の利潤の根拠を明確に

**クーゲルマン**
〈クーゲルマンは、ドイツ・ハノーファー在住の産婦人科医でマルクスの熱心な信奉者でした。マルクスの次の著作を待望し、共通の友人であるドイツの詩人フライリヒラートを介して執筆状況を問い合わせるうちにマルクスと直接連絡を取るようになりました。
　労働運動に傾倒し、国際労働者協会の一員だったクーゲルマンはマルクスにとって親友であり同志とも言える存在だったようです。『資本論』初版の校正はクーゲルマンの自宅に一カ月ほど滞在して行われたと言われています。また、第二版の刊行にあたってマルクスは労働者にも理解しやすいよう第一章を大幅に改訂しましたが、これはクーゲルマンの提案によるものでした。〉（法政大学公式サイト「法政大学 大原社会問題研究所 所蔵　カール・マルクス著『資本論』署名入り初版本」

しようということで書き始めているのですが、その中で剰余価値学説批判が書かれます。マルクス以前の資本の利潤・剰余価値に関する学説批判です。最初はお金を持っていると自動的に金が増えていくのだという重金主義（bullionism＝地金主義）という考え方がありました。しかし、お金を持っているだけで運用しなければ金は増えないじゃないかということで、重商主義を中心にした学説が出てきます。

重商主義学説は発展していく中で、誰かがコスト以上に商品を売ってもうければ、誰かが損しているじゃないか。社会全体として見ると、生産された商品を高く売って金を儲ける人間が出てくると、それを買う者がコスト以上の高い値段を払って買うのだから、マイナスになっているはずだ。流通が利潤の根拠だと言うが、社会全体として考えれば売買の関係だけである。売買の関係でものが増えるか。増えないでしょう。ものが増えないのに誰かが利潤を得ようとしているということは、誰かの損失になっているのではないか。社会全体として金は増えない。この点を明確にしたのがジェームズ・ステュアートです。

そこでジェームズ・ステュアートは譲渡利潤という言葉を使いました。

の説明より）

誰かが譲渡したというとらえかただったのですが、それをマルクスは評価します。流通は、個別的に言うと金もうけできる者は出てくるが、社会全体から言えばどうか。流通というのは売買の繰り返しを言うわけで、流通運動は何も価値を増やしていない。富も増やしていないし、価値も増やしていないという理解になってくるのです。

ジェームズ・ステュアートは、社会全体として生産性が高まり従来よりも生産物量が増えるということが利潤の根拠になるのではないかと考えました。だから譲渡利潤（消極的利潤）に対し、ジェームズ・ステュアートは positive profit（積極的利潤）という言葉を使いました。これをマルクスは「科学的剰余価値学説の出発点である」と評価しました。

ところが、ジェームズ・ステュアートが説明できていないところがありました。それは、富の生産が拡大していくと、労働者が労働して富をつくっていくので、労働生産性が高まれば富の量は増え生産物が増える。それなのに資本がどうしてそれを利潤として獲得するのか。ジェームズ・ステュアートはそのことを説明していません。労働者がつくった生産物を資本家が取ってしまうのはなぜかは解けていなかったのです。

## 重農主義とケネー

**鎌倉**　次に出てくる剰余価値学説が重農主義です。有名なのはフランス人のフランソワ・ケネー※（1694〜1774年）です。

重農主義とは、字が示すとおり、農業が社会の基本であるという説（physiocracy）です。農業は、土地・自然力をベースにしています。どのような産業でも労働は行なわれています。工業でも労働が行なわれていますし、農業でも労働が行なわれています。しかし、工業の労働と農業の労働とは違うのです。どこが違うかというと、工業の労働は、労働によってつくった生産物をベースに、それを原料にしたり、道具にしたり、機械にしたりして、それを利用して労働している。ここからケネーは、工業労働は、原料の綿花を紡いで糸にして、糸を布にするというように形態を変化させるだけであり、ものは増殖していない。それに対し、土地はどうか。土地は自然力であり、自然力は労働によってつくられるものではない、そして、労働者が自然力に働きかけて生産物をつくるとどうなるか。たとえばいま、100粒の種をまいたところ、この種が収

**フランソワ・ケネー（1694年〜1774年）**
〈フランスの経済学者。百科全書派の一人。重農主義を唱え、経済活動の自由放任を主張。著「経済表」など〉
（デジタル大辞泉）

穫の時点では1000粒にも2000粒にも増えている。確実にものの量が増えている。この増えた部分を純生産物（produit net）と呼びました。フランソワ・ケネーは、農業は確実に富の増殖を実現していると言ったのです。工業とは違い、農業は剰余生産物がつくられる、その根拠は何か。それは土地自然力、自然の賜物だと言ったのです。剰余生産物をつくり出す根拠は自然力そのものであり、自然の恩恵だと言ったのです。

何で農業生産は剰余価値をつくるのか。剰余価値と言ってもまいた種が増えるというベースで考えていましたから、その意味ではとらえやすいのです。農業に対して工業はどうでしょうか。綿花10トンを紡いで糸10トンができるかというと、途中で飛んでしまったりするから、恐らく7トンか8トンの糸しかできないでしょう。増えないのだから工業は形態変化だ、とフランソワ・ケネーはとらえたのだと思います。

農業は原料の種が収穫物と同じですから増えた量が把握できます。ただ、その間にいろいろなコストを費やしているわけです。労働も投下されているし、前払いということで固定設備も投下しています。フランソワ・ケネーは、そういうものを除外してとらえました。しかし、生産過程に剰余価値、すなわち利潤の根拠があることをとらえ始めた学説として、マルクスはケネーを評価します。

## 労働こそ富の根拠

**鎌倉**　マルクスはその後、アダム・スミス（1723～1790年）やデヴィッド・リカード（1772～1823年）も高く評価します。スミスは土地を社会の富の根拠として認めているのですが、土地とともに生産的労働をとらえ、労働こそ富の根拠だと言っています。スミス以前にウィリアム・ペティ※（1623～1687年）などもそういうとらえかたをしていますが、スミスが一番普遍的に労働根拠説を提示し、労働が貨幣の基盤でもあるとした。労働を投下して生産物を獲得するわけで、これが富の源泉だととらえるわけです。労働を投じて自然、生産手段に働きかけて生産物を獲得する。だから生産物を買うという関係の基本には労働力によって生産物をつくるという関係がある（「労働」は「本源的購買貨幣」である）としました。

**ウィリアム・ペティ（1623年～87年）**
〈イギリスの経済学者、統計学者。はじめ船乗りであったが、1643年大陸に渡り医学と数学を学び、帰国後オックスフォード大学の解剖学の教授。52年、クロムウェルのアイルランド派遣軍の軍医として従軍、さらにアイルランドの没収地の測量〈ダウン・サーベー〉の仕事を行った。〉（世界大百科事典）

ところが、資本主義になると、その労働を資本家が買うことになる。買って労働の対価を労働者に渡す。例えば、10時間労働をして10の生産物ができた。資本家がいないときは、その10の生産物は労働した労働者が獲得していたはずです。ところが、資本家が出てくると、労働者に10時間労働させて10の生産物をつくらせる一方で、労働者にそのうち5の生産物しか渡さないで、あとは資本家が取ってしまう。こういう説明をアダム・スミスはやったのです。資本主義になると、資本対賃労働の関係は不等価交換となる。では、なぜ資本にそういう権利が出てくるのか。そこをスミスは解けませんでした。

解けない代わりに、スミスは「労働者が持っていないものを、資本家が労働者に提供したから生産物ができたのだ」と言ったのです。では、何を提供したのか。それは生産手段です。

確かに、資本主義では労働者は生産手段は持っていません。労働者は資本家に雇われなければならない関係に置かれているから、資本家は労働させるために生産手段を与えてやった。だから労働者は労働できるようになった、と。しかし、生産には土地も必要であり、そうなると関係性のなかに地主が出てくる。そこで三位一体になってくるわけです。

これは生産三要素説です。「土地」「労働によって生産される生産手段」「労働」、この生産の三要素が生産物をつくる。したがって、つくった生産物は地代・利潤・賃金に分配されていいのだと説明しました。これがスミスの学説です。

## 「労働」と「労働力」は違う

**鎌倉**　しかし、資本と賃労働（さらに土地所有）の関係では労働者しか労働していないのです。労働者が労働することにより、たとえば10の富、10の価値をつくるのです。それを資本家が3を取り、地主が2を取り、労働者には5しか渡さない。どうしてそんなことができるのか。スミスはこれを説明できなかった。それをリカードが解明していこうとしました。労働の対価イコール賃金ではないのだというわけです。労働者に支払われる賃金について考えます。たとえば労働者が10時間労働したとして、10時間分の賃金が支払われるのではない。資本家は、生活費に見合う部分しか労働者に支払っていない。しかも、それは不当なことではない、とリカードはとらえたのです。労働者の生活に見合う生活費を払っており、そこで労働者は生活を維持し、また働く力を再生産して労働できるようになるのだから、それで不当ではないのだ、と。賃金は生活費だと言うのですが、そう言いながら、リカードはまだ労働の売買としてとらえていたのです。

　そしてマルクスが「労働」と「労働力」の違いを明確にしました。労働者が資本家に売るのは労働力であり、労働ではないと明確に提示したのです。今は労働と労働力の違いを明らかにしなければならないと言っても、なかなか受けとめられなくなったように思います。今は成果主義がうたわれています。成果が上がれば賃金を上げてもいいが、成果が上げられなければ賃金を下げるのは当然のような考えが広がってきています。さらに、いま安倍晋三※政権が成長戦略の中でやろうとしている労働規制緩和の中心的な議論は次のようになっています。「残業をやっても成果が上がらなければ残業代を払うことはできない、成果を上げなければ賃金は払えない、労働者だってそれを求めているじゃないか」と。そ

**安倍晋三政権の成長戦略**
〈安倍晋三首相は第3次改造内閣でも「経済最優先」を掲げ、十分な効果がまだ得られていないので、この路線を続けるのだと強調した。

　2012年12月の政権発足時に「デフレ脱却」をうたって以来、繰り返してきた主張だ。

「三本の矢」に始まったアベノミクスは15年秋、「第2ステージに移る」と宣言して「新たな三本の矢」となった。希望を生み出す強い経済、夢をつむぐ子育て支援、安心につながる社会保障の3本だった。

　ほどなく「1億総活躍社会の実現」が掲げられ、そのための「働き方改革」が昨夏の内閣改造の目玉となった。14年秋から続く「すべての女性が輝く社会」と「地方創生」の政策目標も健在である。

　こうしたスローガンを次々に打ち出し「道半ば」を演出しながら、時間稼ぎをしてき

の典型がホワイトカラー・エグゼンプションです。

この議論の問題点は『資本論』第1巻の第6篇の労働賃金のところで明確になっています。ここでマルクスは労働賃金という現象形態を明らかにしています。リカードを踏まえてマルクスが明らかにしたのが「労働力」の商品化ということでした。

# 『資本論』全体の構成

**鎌倉**　ここで『資本論』全体がどのように成立したかについてまとめておきます。『23冊ノート』の後、これを踏まえて『資本論』の第3巻が書かれます。「資本主義的生産の総過程」（これはエンゲルスによる。マルクスの草稿では「総過程の諸姿態」となっている）と題するものです。
1864年から1865年に書かれた『資本論第3巻手稿』が、いま『マルクス／エンゲルス――新MEGA（Marx-Engels' Gesamtausgabe)』という新しい全集版で出ています。エンゲルスの編集により『資本論第3巻』が1894年10月に刊行となっていますが、実は1864年から

た4年半余だった。〉
〈この間、多額の税金が費やされた。政策効果が道半ばゆえ手を緩められず、新たな看板にも対応しなければならなかったからだ。財政規律には目をつむった。
12年末の「国の借金」は997兆円だったが、今年3月末は1071兆円に膨らんだ。消費税増税があったにもかかわらず、である。〉（『毎日新聞』2017年8月10日「社説」）

1865年の『第3巻手稿』がエンゲルスによって編集されたのです。

マルクスが書いた原稿と今のわれわれが読んでいる『資本論』とを対比してみたときに、エンゲルスがどれほど苦労したかがわかります。私は、エンゲルスはよく整理したと思うのですが、なお完成していないのです。エンゲルスはずいぶん書き直したり、言葉を訂正したりしています。この第3巻が、『資本論』全体の中では、マルクスによって一番早く書かれたものだということに注意してもらいたいと思います。

『資本論』第3巻の原稿で書かれたものは、初期マルクスや、あるいは『経済学批判要綱』（1857―58年ノート）までにマルクスが築いてきたものと論理的になお進展が見られていないところがあるのです。そこのところを注意して読む必要があると思います。この第三巻を、この講座できちっとやりたいと思っていますが、そこまで何年かかるかわかりません。何年もかけられないですよね。

**佐藤**　何年もかかるかもしれません。お客さん（受講生）がちゃんと来ればの話ですが（笑）。

**鎌倉**　私は生き続ける限り研究し続けますが（笑）。

マルクスはこの第3巻の執筆の後、第二巻を書いています。その一番最初のものが『資本論第2巻ノート』の第Ⅰ稿（１８６４〜65年）です。第3巻ノートを書いている途中にこの第Ⅰ稿を挟んで書いています。さらにⅢ稿、Ⅳ稿と続きます。Ⅱ稿（とされているもの）は後で１８６８〜70年に書いています。

そして『資本論第1巻』が、１８６７年にようやく刊行されました。マルクスは『第2巻ノート』をその後もずっと書き続けていますが、この『第2巻ノート』の第Ⅱ稿が『資本論　第2巻』のベースになる原稿です。なぜ、第Ⅱ稿を第Ⅳ稿の後に書いたのかよくわかりません。その後、『資本論』第1巻をマルクスは自分で再構成します。これが第1巻の再版です。

これは「価値形態論」という『資本論』の第1章の一番難しい部分です。読んでいて、これは大変だなあと、やぶの中に突っ込んでしまったように感じるところです。ただ、この講座では第1章第3節の価値形態がどういう内容なのかというエッセンスをきちっととらえますから心配しなくて結構です。

この価値形態論だけで『資本論』がわかってしまったようにとらえる人もいますが、価値形態論は貨幣形成論であり、何で貨幣が形成されるのかの論理的展開をやっているだけなのです。ですから、価値形態論で何でもかんでも説明しようとしていろいろなことを言っているのですが、価値形態論そのものは『資本論』全体をそこからとらえられるというようなものではないということだけ、ここでは言っておきます。

『資本論』初版の価値形態と再版の価値形態は、説明が決定的に変わります。初版では、価値形態論を通して貨幣まで展開できなかったのです。第4形態とかいう変なものが出てきて元に戻ってしまう。それをまた評価する人がいるのですからおかしいですが、初版の価値形態論は「付録価値形態論」で全面的に書き直します。それを踏まえ、再版は価値形態論を完成させたのです。そういうことで価値形態論の修正の意味は非常に大きいわけで、この点を十分とらえなければならないと思います。

## 資本の本源的蓄積過程

**鎌倉**　『資本論』初版の後、フランス語版が出ます。マルクスはフランス語版に自分自身で手を入れていて、フランス語版でかなり大きな修正をした箇所が実はあるのです。フランス語版は1872年から75年の分冊版で3年かけて出ています。マルクスの修正箇所について少しだけお話ししておきましょう。

　次のような説明です。最初の所有の根拠は何であったか。それは自己労働に基づいていた。農民や手工業者が自分の労働で、自分の生産手段を使って生産した生産物、これが自分の所有になった。すなわち労働所有論です。労働に基づく所有ということです。

　ところが、商品経済が発展し、資本が支配するようになると、資本というのは自分では全く労働しない。労働者を雇い、労働させて価値をつくらせ、その価値、すなわち他人の労働の生産物を資本が取得する。他人労働の領有であるととらえたのです。自己労働に基づく自己所有、それが転じて他人労働を支配し、他人労働を収奪したもうけになる。これが資本家的領有（Appropriation）法則です。

　だから社会主義では、労働者がみんなで共同してつくった生産物を労働者全部が取り戻すとしたわけです。他人、労働しない者が収奪するのではなく、収奪されたものを労働者が取り戻すのだ、収奪者を収奪するのだというのが社会主義だというテーゼを提起したのです。

こういう考え方は『経済学・哲学草稿』のレベルからマルクスにはありました。そして、『資本論』の中でこのとらえかたは消極化していくのですが、価値の根拠は労働だというとらえかたが根底にはずっとあった。何で自己労働に基づく自己所有が他人労働の収奪へ転換していくのか。そのプロセスを解き明かさなければならない。

しかし、これは労働所有論からは論理的に解き明かすことはできませんでした。それを現実に明らかにしようとする過程が『資本論』の第7篇、第24章の「いわゆる本源的蓄積」です。封建社会の農民は領主に支配され、領主に剰余労働を強いられ、１００つくった農産物のうち50は領主が搾取するという関係があった。ここでは所有関係はまだ明確に確立していなかったのですが、生産手段を使って農民が労働し、生産物をつくっていた。あるいは手工業者は、道具を使いながら自分の労働を通して生産物をつくっていた。その生産手段が資本主義の発展を促進しようとする国家によって奪われていくのです。生産手段が暴力的に奪われていく過程が資本の本源的蓄積過程であった。

## 剰余価値の根拠

**鎌倉**　自己労働に基づく自己所有というのは小営業のようなものです。自分で労働して自分で生産物を所有する。それを商品として交換し合う関係を小生産者というわけで、そういう小生産者がだんだん競争し合い、競争力に勝った生産者が資本家に成り上がっていく。競争に負けてしまった怠け者が賃労働者になる。勤勉な者が資本家に、怠け者が労働者になってしまったという歴史を改作したとんでもない歴史観があります。それはマルクスの当時もありましたが、今だってあります。資本家は勤勉に働いたから資本家になったという考え方です。

**佐藤**　大塚久雄※さん（１９０７～１９９６年）の考え方などはそれですよね。

**鎌倉**　そうですね。マックス・ウェーバー※（１８６４～１９２０年）が基本的にそういう考え方でした。ウェーバーの『プロテスタンティズムの倫理と資本主義の精神』をベースにして大塚久雄の『西洋経済史』ができました。

日本ではこういう考え方が依然としてあります。それをマルクスは『資本論』第1巻24章で根底的に批判しました。資本の大本は商人、高利貸しなど流通部面の資本であり、その流通を支配していた資本が生産過程を自分の支配下に置こうとする。生産過程を担っていた労働者の生産手段を奪い、土地・生産手段と労働者を分離する。しかし、この分離は暴力なくしてはできなかった。だから国家の暴力が不可欠だったのです。このように労働者と生産手段を暴力的に分離するのが資本の発展史、産業資本の形成史なのだというのです。

農民から土地を奪い、手工業者からは生産手段一切を奪い無産者にする。無産者になった人たちはどうやって生きていくか。市場の中で、自己責任で生きていかなければいけない。自分の持っているものは自分の労働力しかない。労働力をいかに売るか。雇われて、商品として労働力を売り、それで賃金を得て生活するしかない。そういう労働力を商品化

**大塚久雄**
**（1907年〜96年）**
〈経済史学者。京都府出身。東大教授。マックス＝ウェーバーやマルクスの研究を通じて、ヨーロッパの近代経済形成を独立自営農民層の発展に求める大塚史学を確立。著「近代欧州経済史序説」「共同体の基礎理論」〉（大辞林）

**マックス・ウェーバー**
**（1864年〜1920年）**
〈西欧文化と近代社会を貫く原理を〈合理主義Rationalismus〉に求め、その系譜、本質、帰結を解明したドイツの思想家。エルフルトに生まれ、まもなくベルリンに移った彼は、国民自由党の代議士として活躍した父、敬虔なプロテスタントで教育熱心な母の長男として、経済的にも文化的にも恵まれた家庭に育った。ハイデルベルク大学、ベルリン大学ほかで学び，1889年中世商事

する根本条件が形成されるのが資本の本源的蓄積過程です。※そこでは必ず国家の暴力が介在したことを明らかにするのです。

自己労働・自己所有から他人労働・資本家的所有へと社会の仕組みが変わります。マルクスは最初、自己労働・自己所有の内的必然的発展が資本家的な領有関係をもたらしていくと解こうとしていたのです。ところが、労働所有論からは資本家的領有関係は出てこない。流通を支配していた資本が国家を通して暴力的に農民、手工業者から土地を奪い、労働力を商品化した。これによって資本が生産過程を支配できるようになったのだとしたのです。しかし、労働力に対しては対価を払っている。労働力再生産に必要な賃金を払っている。そして、雇った労働者を使うのであり、払った賃金以上の労働で剰余価値を形成させる。賃金以上の価値を作らせ、これを搾取する。しかし、これは合法的であると言っているのです。市場経済の法則に基づいて資本は剰余価値を獲得している。労働力には商品としての対価を払いながら労働者を雇って労働させ、払った賃金以上の価値をつくらせる。そのつくらせた価値は資本の生産過程で労働させてつくったものであるから資本家の所有物になる。これ



会社に関する法制史的研究でベルリン大学において学位を得たのち、社会政策学にしだいに関心を移した。〉（世界大百科事典）

**資本の本源（原始）的蓄積**
資本主義生産確立の基礎条件である労働力商品化——労働者が自らの労働力を売らなければならない条件が形成された歴史的過程。〈現実の歴史においては、周知のように、征服、圧制、強盗殺人、要するに暴力（ゲヴァルト）が、大きな役割を演ずる。〉（『資本論』岩波文庫［三］340ページ）

が剰余価値の根拠なのです。

## 「批判」とはなにか

**佐藤**　ここで話を1回中断したいと思います。今までのところで私から異論は全くありません。ただ、最後の15分ぐらいの話にあった領有の問題のところは大学経済学部専門課程のゼミナールぐらいでやるレベルです。いま、鎌倉先生が説明したのは宇野学派の言説です。それ以外にもいくつか有力な言説があります。具体的に言うと、一つは林直道※さんたちの言説（１９２３年〜）です。『フランス語版資本論』を訳した共産党系の学者さんが非常に熱心にやっていた。もう一つは佐藤金三郎※さんたちのグループの言説で、ここも領有の問題を特に『グルントリッセ』※（Grundrisse）に戻っていくことをやったわけで、この人たちも非常に重要な問題提起をしています。しかし、今日の話の中でここの部分は応用、ゼミレベルのところだったと思います。それ以外のところは入門、入口篇だと思います。

**林直道**（1923年〜）
大阪市立大学名誉教授、経済学博士。

**佐藤金三郎**（1927年〜89年）
横浜国立大学教授。

**グルントリッセ**
（『経済学批判要綱』）
〈1857年、史上最初の世界恐慌の勃発を契機として、マルクスは多年にわたる経済学研究の体系的総括に着手し、そのための準備労作《経済学批判要綱》（1857―58）を書いたのち、59年に《経済学批判》第1分冊を公刊、序言には有名な唯物史観の定式化を含む。さらに61〜63年に手稿《経済学批判》を執筆したが、この手稿の半ばを占める《剰余価値学説史》の労作過程で、マルクスは《経済学批判》第2分冊を出すかわりに独立の著作

その中で私が付加したいのは、まず「批判」という言葉の意味についてです。明治期以降日本に導入された言葉で、いくつか本来の言葉との間でのズレが大きいものがあるのですが、批判はその一つです。日本語で批判はどのように使ったかと言えば、基本的には歌舞伎のタニマチが役者の演技に問題があるときに文句をつけることを「批判」と言ったのです。ですから、明治期に批判という概念が入ってきたときにそこのイメージで批判という訳を与えてしまったわけです。「彼は私に批判的だ」と言うとネガティブなニュアンスがあります。それだから文芸の場合は文芸批評と言って、批判でなく批評という言葉を使い、もう少し中立的なことにするのですが、批判というのは本来は、相手の言っている論理をつかまえ、それに対し何らかの判断を示すことです。すなわち、相手の言っていることに全面的に賛成の場合も批判です。

全面的に反対して「こんなのはナンセンス」だという批判は、批判のうちのごく一部です。大多数の批判はそうではない。ナンセンスなものに関して熱心に調べていること自体、エネルギーと時間の無駄でしょう。ですから、大多数の批判は相手の言っていることを基本的に受け入れ、

《資本論》を出すことに決定した。》（『経済学辞典（第3版）』1239ページ）

よいところはあるのだけれどもここは違うと思う、ここをこのように直していったほうがいいのだという考え方です。

ですから、マルクスは、「経済学批判」で先行の経済学説を基本的に肯定的に評価しています。特に今回、鎌倉先生から名前が出た人たちについては基本的に肯定的評価をしています。ところが、皆さん、鎌倉先生から名前が出てこなかったが、現在の主流派経済学の本を引くと必ず名前が出てくる人がいます。それはリカードの少し先輩のマルサス※（1766〜1834年）です。このマルサスの考え方を、マルクスはほぼ全否定に近いぐらい厳しい目で見ています。いずれにせよ、批判にはいろいろな形があるということです。

## 農本主義と右翼思想

**佐藤** それから、ケネーの話で重農主義が出てきました。この重農主義は農本主義と訳してもいいと思います。世界的にいま右翼が台頭していますが、右翼の思想には必ず農本主義的なイメージが付いてきます。日



**マルサス**
**（1766年〜1834年）**
〈イギリスの経済学者。「人口論」を発表。また、リカードとの間に穀物法論争を展開。「経済学原理」で展開された有効需要論は後にケインズによって高く評価される。〉（大辞林）

本では権藤成卿※（1868〜1937年）はそのイデオローグで、一方においてはアナーキストの理論家であり、もう一方においては右翼のテロリズムの理論家だったのです。戦前は五・一五事件、二・二六事件などで農本主義のイデオローグが出てきますが、このグループは戦後は東※アジア反日武装戦線の運動を支持します。こういったイデオロギーは権藤成卿も説いていました。だから、黒色戦線社から戦後、権藤成卿の本が出ています。

日本の戦後経済の発達を支えた思想は農本主義です。資本家や政府はうまく農本主義を入れることができたわけです。鉄鋼にしても、自動車にしても、研究所にしてもそうです。畑でイモをつくる、マメをつくる、水田でイネをつくるといった農業とのアナロジーで工業を行なっていきました。だから、株屋という形で証券会社に一般の人が出入りすることはやましいことであるとされていた。兜町や北浜というのはヤバい人の集まるところだと多くの人が感じていました。つい二十数年前まで、つまり社会主義体制が崩壊するまでは、小学生が株式市場を見に行くとか、株の購入を勉強するなんていうことはなかったのです。だから、この農

**権藤成卿**
**（1868年〜1938年）**
〈制度学者・農本主義思想家。久留米市生まれ。黒竜会に入り、対露開戦・日韓合邦を主張。「農民自治本義」を著し、血盟団事件や五・一五事件に影響を与えた。〉（大辞林）

**東アジア反日武装戦線**
1974年後半から翌75年前半にかけ11カ所で相次いで発生した企業爆破事件の犯行グループ。〈74年8月30日、三菱重工本社が爆破され、通行人8名が死亡、359名が重軽傷を負ったのを皮切りに、三井物産本社（10月14日）、帝人中央研究所（11月25日）、大成建設本社（12月10日）などが次々爆破され、多数の負傷者を出した。（略）日本の大企業の東南アジアへの経済侵略に反対したものであった。〉（日本大百科全書）

本主義イデオロギーは、ある意味では現実に影響を持ち得る、資本主義と抗するイデオロギーですが、同時に非常に右翼的な表象とつながり、テロリズムなどとつながる可能性のあるイデオロギーだったと言えます。

## 政治経済学とギリシャ思想

**佐藤**　政治経済学はものすごく面倒くさい概念です。ヨーロッパ的な伝統であり、ものを観察して、それを論理でとらえるのはヘレニズム（ギリシャ）の伝統です。一方、ヘブライズム（ユダヤ）の伝統では、ものは何かをとらえるのではなく、すぐに行動に移し、心でどのようにして受け止めるかということが重要になります。ものを見て、そこにどういう論理があるかということを考えるのはギリシャの伝統です。そのギリシャの影響が近代以降、ヨーロッパに広まり、それが世界の主流になっていますから、何か物事を考えるときはギリシャに戻らなければいけない。

ギリシャに戻ったときに政治と経済は全く別のものです。ポリスというのは「政治」の訳語にもなっているが、「国家」と訳してもいい。そこは自由民もしくは貴族、自由人の中に貴族と平民がいるわけですが、政治はその人たちが行なうことであり、生産からは切り離されている。彼らがアゴラに集まり、いろいろな議論をして、投票をしたり、民主的に物事を決めていく。ここの基幹がノモスです。『大地のノモス』というカール・シュミット※の本がありますが、ノモスとは法律です。法律が適用されるのはポリスだけで、その適用対象は男性の自由民の成人だけです。

では、それ以外の人間はどうかというと、これと完全に切り離されたところでオイコスというものがあります。これは家庭、家政、世界と訳す場合もありますし、オイクメネというのは「人が住んでいる領域」という意味です。そこは成人たちに加え女性、奴隷、子どもたちがいます。そこにおける基幹原理はノモスではなくビアです。ビアというのは暴力です。だから、家長というのはムチを持っていて、言うことを聞かない家族は殴ってもいい。奴隷は殴って殺してしまってもいい。男は女を殴ってもいい。ノモスで市民を殴ったら大変なことになりますが、オイコス

**カール・シュミット**
**(1888年〜1985年)**
〈ドイツの政治学者・公法学者。全体主義的国家論を提唱し、ナチスに理論的基礎を与えた。政治的なものの本質が友と敵との対立にあるとする、友敵理論でも知られる。著「政治的なものの概念」「政治神学」など。〉(デジタル大辞泉)

で奴隷を殴ったり、女性や子どもを殴っても、この基準では全く問題にならないのです。

ところが、政治経済学は、近代以降になり、ポリスとオイコスというものが混ざってしまったところでの相補学です。今の世の中の森羅万象というものをこの学問によって解明しようということです。

## 『資本論』各国版の違い

**佐藤**　『フランス語版資本論』の話が出ました。『資本論』を、何語をベースにして読んでいるかということにより、『資本論』に抱くイメージは変わります。日本人とドイツ人とロシア人は『資本論』に持っているイメージが近いのです。それは定本がエンゲルス第4版とモスクワのレーニン主義研究所が整備してできたベースの版を使っているからです。
それに対し、フランスはフランス語版がベースになります。英訳はフランス語版とドイツ語版の折衷版のようなもので、章立てはフランス語版に近い。ですから、英米圏でのマルクス解釈がわれわれと違うなと感じる理由がどこにあるかと言えば、それは英語版がベースになっているからです。残念ながら、英語版の『資本論』の日本語訳はありません。『資本論』の研究者で英語に強い人がいたら、ぜひこの翻訳をやっていただきたいと思います。英語がグローバルになっているので、『資本論』も今やドイツ語よりも世界的には英語で読まれています。そうすると、『英語版資本論』がどのように読まれているかは非常に重要です。

ちなみに、大月書店から出ている『マルクス＝エンゲルス全集』は、『マルクス＝エンゲルス著作集』が正確な言い方で、学問的な校閲を十分にしていません。とりあえず実務家が使うためにという観点からつくられています。重要なことは、ロシア語版のほうが先にできているということです。ロシア語版をまずつくり、それからそれをドイツ語に戻すか、あるいはドイツ語のオリジナルに合わせる形になっていますから、ロシア語的なニュアンスがドイツ語にはね返ったり、概念においてロシア的な概念が相当いろいろなところで入ってきます。生産力主義であるとか、スターリン主義的な考え方がそれにあたります。

ロシア語の影響があるスターリン主義的な編纂がされた大月書店の著

作集だとロシアの影響が出てしまうのです。鎌倉先生がＭＥＧＡという完全版全集を使っているのは、ロシア・マルクス主義の影響を排除するためなのです。ただし、ＭＥＧＡに関しても二通りあります。一つは、ダヴィト・リャザーノフという人が訳して途中で終わりになったもの。ちなみに、北朝鮮の『資本論』や北朝鮮のマルクスの翻訳はこの旧版のＭＥＧＡから朝鮮語に訳されたものです。北朝鮮の初期マルクス研究が意外といいのは、底本に質が一番高かったリャザーノフ編纂の初期マルクスのものが使われているからです。アドラツキー版になるとスターリンの影響が入ってきます。ソ連と東ドイツ版のＭＥＧＡは、初動においてはソ連のマルクス＝レーニン主義研究所編纂のものです。１９８０年代終わりに、マルクス＝レーニン主義研究所の資金がなくなってきたため、西側の学者も入れるようになりました。今は国際委員会でやっています。ですから、１９８０年代の終わりから出ているものは編纂がソ連型のイデオロギーから離れてきており、特に解説部分がよくなっています。

## 労働力が売買されているということ

**鎌倉**　フランス語版の解説を通して私が言おうとしたところは、私的労働・私的所有という領有の関係が、他人労働を資本が取得するという資本家的な領有に代わるものとなる理由の説明です。フランス語版までは収奪が原因だとする主張がほとんどでしたが、それをマルクス自身がフランス語版で大修正するのです。第1巻22章の弁証法的転換と呼ばれるものです。私的労働から他人労働へ、そして領有へと転換することを言った後にフランス語版でこう付け加えます。それは、「労働力が売買されているのだ」ということです。労働力には対価を払いながら、労働者が労働してつくった生産物は資本の所有になる。だから何ら資本が侵害しているわけではないということをフランス語版で入れたのです。したがって、『資本論』も3版以降はフランス語版に入れたものをそのまま使っています。

　このところを理解できないと第1巻資本の生産過程、第7篇第22章第1節の後半部分も理解できません。その後も『資本論』第2巻をマルクスはずっと書き続けていますが、遂に完成できませんでした。そして、エンゲルスの編集により『資本論』の第1巻の第3版は、マルクスがきちっと書き直したものをベースにして完成しました。

マルクスが亡くなったのは1883年ですが、その年の11月に3版が出ます。これはマルクスがちゃんと見て校正してつくった本で、英語版のエンゲルスが編集したもののベースとなっています。その後の2巻が1885年5月に出ます。この2巻もノートが全部手に入るようになりましたので、1稿から全部読むことができます。

ただ、現行版に至るまでに表式そのものも変わっています。G—W—G'もその間にP（生産過程）が入るのです。G—W—P—W'—G'でした。生産過程がPで、Pの結果がW'、そしてG'です。これは産業資本の循環形式です。ところがW—P—W'がW……P……W'になったのは第2巻の5稿以降です。5稿は1875年ぐらいに出されましたが、5稿からこういう形式になった。それらの原稿はきちっとこの形式になっているわけです。

それから、第3巻が1894年10月に出ました。マルクスは、続刊の第4巻を考えていたらしく、そういうことを書いている書簡もあります。実際は、※カウツキーが第4巻として1905年に出したわけで、これが

『剰余価値学説史』です。これは1861～63年の『23冊ノート』の中の6冊から15冊を『剰余価値学説史』『資本論』第4巻ということで出す形にしたのです。

## 『資本論』全巻を読む意味

**鎌倉**　以上が『資本論』の形成過程と重要なポイントのそれぞれに関する指摘であります。『資本論』はとにかく第1巻で終わりにしないで全3巻をきちっと読みましょう。しかし、1巻から3巻を読んでいく際にも、『資本論』の初版、再版、フランス語版等々を含め、だんだんマルクスの論理がはっきりしてくる。例えば商品とは何か、資本とは何かということだけに関しても、論理が明確になっていることを正確にとらえる必要があると思います。最も発展した『資本論』をきちっと論理化してとらえましょう。

今日の結論は、資本とは流通運動であるということ。産業資本を含めても資本はお金を投じて商品を買い、商品を売り、さらに金を増やす。

**カール・カウツキー（1854年～1938年）**
〈ドイツの社会主義者。社会民主党の「エルフルト綱領」を起草。マルクス主義理論を受け継いで修正主義者を批判したが、第一次大戦参戦支持などで徐々に中間派に移行し、ロシア革命に際してはこれを批判。ナチス政権後、亡命。著「農業問題」「エルフルト綱領解説」など。〉（デジタル大辞泉）

売買を連続させる運動、流通運動だということです。生産過程を支配する資本も、生産過程は価値増殖の手段として位置づけているのであり、運動としては流通運動なのだということです。産業資本も流通運動なのだということをとらえてください。

もう一つ重要なのは、労働の売買というとらえかたが従来ありましたが、労働の売買ではない。労働力が商品として売買されているのだということです。次回は、労働者の労働力が商品化するということはどういうことなのかをさらに追究したいと思います。

労働とは本来、商品として生産されたものではない、本来商品には全くなじまないものです。自分で持っているものを自分で使えなくさせられたら労働力を売らざるを得ない。他人に委ねざるを得ないということで、そこが資本主義の決定的な問題だということです。このことを今日は確認しておきたいと思います。

## 章末付録

第1回講義のレジュメ（少くとも次の論点は明らかにしておきたい）

1　『資本論』成立事情――それを知っておくことの意味

（1）第1巻完成稿――しかも再版、フランス語版で修正

（2）第2巻、3巻未完成ノート

・第2巻は何度も書き直し、大体仕上げられていた。

第1巻完成後に書かれたものが重要。

・第3巻は第1、2巻完成前のノートによる。

とくに5篇（利子論）、第7篇（収入論）は未完成

（3）全3巻を通してとらえること

・マルクス自身の論理の発展（概念の明確化――例えば「資本」とは。

商品経済的関係の発展――形態と実体等、詳しくは第2回以降で）

・一定の「完結」体系であること。

（全体の構成は、三大階級形成の根拠、階級間の関係）

2　マルクス自身の「方法」の転換・進展をとらえること。

（1）唯物史観から『資本論』へ――イデオロギーから科学へ

（2）生産力の発展——生産関係との対応、矛盾、変革（発展）

・しかしその論理的説明は困難、実体→形態は論理的に説けない。——未完結

（3）資本を現実の主体とする論理。資本＝歴史的形態が実体（労働生産過程）を支配する。

支配の条件（労働力商品化）その無理——歴史的限界の論証。

# 第2章

# 科学として『資本論』を読む

## 「意味がないこと」を知る

**佐藤**　本日の講座は、「唯物史観※から『資本論』へ――歴史観から科学へ」というテーマで、鎌倉先生が唯物史観に関する説明を行ないます。結論を先に言いますと、唯物史観という見方では、最終的に『資本論』は理解できないということです。これから説明がある唯物史観は、『資本論』理解のためには意味がありません。意味がないことを知ることに意味がある、ということになります。こういうことに今日は時間を費やすわけです。

　では、意味のないことを知ることにどういう意味があるか。それは、いまだにマルクス主義であるとか、『資本論』の通説的な理解が、唯物史観というイデオロギー※に捕らえられているからです。特に原始共産制であるとか、原始共産制から奴隷制、封建制への発展という考え方は、現在の実証史学に耐えることができないような旧式の言説なわけです。

　狩猟採集時代から農業社会になり、産業社会になるという3段階区分が今の実証史学の通説です。しかし、マルクス主義系の人は、なぜかモ

**唯物史観**
マルクス主義の歴史観。マルクスは「経済学批判」で次のように記した。〈人間は、その生活の社会的生産において、自分の意志から独立した特定の、必然的諸関係を、すなわち、かれらの物質的生産諸力の特定の発展段階に対応する生産諸関係を取り結ぶ。この生産諸関係の総体が社会の経済的構造をかたちづくる。この経済的構造は、法律的ならびに政治的上部構造がよって立つ現実的な土台であって、特定の社会的意識諸形態もこの経済構造に対応するのである。物質的生活の生産様式によって、社会的、政治的および精神的生活過程一般がどうなるかがきまる。人間の意識が人間の存在をきめるのではなく、反対に、人間の社会的存在が人間の意識を決めるのである。社会の物質的生産諸力は、その発展がある段階に達す

ルガンの『古代社会』のような説にこだわり、あるいは状況によってはダーウィニズム（進化論）などと唯物史観を結合させたような言説を引きずっているがゆえに、『資本論』の科学的論理性が落っこちてしまうのです。なぜそうなるのか。この難問に今回は取り組みます。私も注意深く聞きたいと思います。

**鎌倉**　前回の講座でやろうと思ってやれなかった課題が、マルクス自身の方法の転換です。いま、説明があったように唯物史観は、歴史に関する見方であって科学的論理ではありません。マルクスがヘーゲル観念論から脱却して現実の資本主義を理論的に解明する作業を進めていく出発点が唯物史観だったわけです。

**佐藤**　鎌倉先生、少し言葉を足します。いま「方法」という言葉が出てきました。方法という言葉は、ものすごく重要な言葉です。手続きとは違う。講座の参加者のなかには廣松渉さんの書かれたものを読まれた方がいると思います。廣松渉さんは「宇野経済学の方法論などないのだ、あれは単なる手続き論にすぎないのだ」という言い方をしています。しかし、これは全くの誤解です。



ると、自分がそれまでそのなかで動いていた現存の生産諸関係と、あるいは、その法律的表現にすぎないが、所有諸関係と矛盾におちいる。これらの諸関係は、生産諸力の発展の形態であったのに、それをしばりつけるものに変る。こうして社会革命の時期がはじまる。経済的基礎が変化すると、それとともに、巨大な上部構造全体が、ゆっくりと、またはすみやかに変革される。〉（『経済学批判』マルクス・エンゲルス選集7、54ページ）

**イデオロギー**
社会におけるそれぞれの階級または党派の利害を反映する一定の概念、見解、理論の体系。政治的見解や法律的概念、道徳、宗教、哲学などはすべてイデオロギーの諸形態と呼ばれる。

方法という言葉に関して説明します。英語では method であり、これはギリシャ語の meta ＋ hodos という言葉からきています。meta とは「上の」という意味です。

たとえば、いまわれわれが東京の日本橋にいると仮定します。日本橋にいて、東海道を選べば最後は京都の三条大橋に着くわけです。ただ、一見違う方向である中山道に向かったとします。それでも終点は三条大橋です。ですから、方法論的に道は違うけれども、東海道を通っても中山道を通っても終点は一緒になります。

Method とは、道をどうやって選ぶかということです。甲州街道を歩いていったら絶対京都には着かない。ですから、方法論というところで結論の幅が決まる。方法論を間違えるととんでもないところへ行ってしまう。だから方法は重要なのです。

**鎌倉**　今日は、今の方法の問題に関して、レジュメの〈2『資本論』の論理の純化・確立――宇野経済学の意義、（2）科学＝客観的論理としての『資本論』、④「方法模写」論〉までいきたいと思います。この方法模写論というのは宇野の方法論を集約した言葉です。観念論から人間社会を唯物論的に考察することは簡単ではなかったと思います。レーニン※などを見ていても、人間の観念の作用、頭脳の作用とは物質の作用だというとらえかたがありますよね。物質の作用というとらえかたは人間を自然科学の対象にしているわけです。

ところが、問題なのは人間の社会的行動です。社会関係を結びながら社会的に行動しているのです。その行動の中にはそれぞれの人間の意思、自覚してこういう意思に基づいて行動をとるというだけではなく、無自覚的な「もうこれでいい」、「これしかない」というようなものもあると思いますが、いずれにしても意思作用をもって人間は行動しているわけです。ところが、意思作用ですから観念作用であり、観念があって動いている。そういう人間の行動から形成される人間関係、あるいは社会関係が独自の動きを示しているわけです。それを唯物論的観点でどうとらえるか。これは簡単なようで簡単ではありません。

**ウラジミール・レーニン（1870年～1924年）**
ロシアの革命家・政治家。学生時代から革命運動に参加、十月革命を成功させ、社会主義政権を樹立。人民委員会議長に就任して、ソ連の建設を指導した。

# 唯物史観とはなにか

**鎌倉**　マルクス自身もこの考察は決して簡単ではなかったと思います。いろいろ試行錯誤しながら形成した唯物史観の定式を提示しています。1859年に出た『経済学批判』の〝Vorwort〟（序言）のところに定式が出ています。マルクス主義者だけでなく、主義を一定程度批判しながら科学としてのマルクス経済学を確立しようという人も、この唯物史観の公式、定式を、資本主義を解明する際の基礎にしている人が多いのです。

宇野派の中でも大内力※さんというたいへん有名な、全集まで出した研究者がいます。『日本経済論』などは非常に優れた本だと僕は思うのですが、その人の資本主義の発展段階論は唯物史観の方法に基づく展開です。宇野理論をベースにしているのですが、原論は論理的展開を意図していますが、歴史的発展については唯物史観の公式を適用している。それによってどこまで現実が解明できるのかというと、大きな問題があると思います。

では、その唯物史観の定式とはどういうものか。

**大内力**
**（1918年～2009年）**
マルクス経済学者。宇野右派と称される。東京大学名誉教授、信州大学名誉教授。著書に『国家独占資本主義』（こぶし書房、2007年）、『大内力経済学大系』（全8巻、東京大学出版会）など。

（1）「唯物史観のとらえかたと問題点」というところで説明したいと思います。

〈1〉唯物史観とは、人類史の発展を、人間社会の成立・発展根拠（土台）としての物質的生活の生産様式に基づいてとらえるということです。

では、これをマルクスは『経済学批判』ではどのように説明しているか。それは、「人間生活の社会的生産」、つまり社会的に構成されている人間の生活がどのように維持されるかということです。

その社会的生産において必然的な、それぞれの人間の意志から独立して形成される関係を「生産関係」と呼んでいます。生産関係は一人ひとりの意志から独立して形成されるのだということです。その社会関係の基盤になっているのがものをつくる過程、物質的生産物をつくる過程における生産関係だとしている。

この生産関係のとらえ方は難しいのですが、その生産関係は生産力によって規定されるという。生産力は物質的富＝物をつくる力であるとマルクスは言っています。基本は労働生産力です。労働者が土地や道具・機械などを使いながら生産力を発揮し、一定の労働時間で大量の生産物が生産されるようになる。これが生産力の発展です。

その生産力の発展により、生産関係が規定される。こういうとらえかたが基礎にあります。それぞれの生産力の発展に応じて生産関係が規定される。これが基礎であり、その生産関係を社会の経済構造としています。

生産力に規定された生産関係が社会の土台としての下部構造だと言っているのです。建物の建築構造ととらえて、上部構造に対する下部構造だととらえているのです。土台としての下部構造があり、その土台の上に、上部構造として法律、政治、それに宗教思想を含めたさまざまな人間の意識というものが成立してくるのだというわけです。

だから、カント※やヘーゲル※などが規定した「観念」、ある意識形態とは一種のイデオロギーとなります。イデオロギーは下部構造の生産力に規定された生産関係を基礎（土台）にしているわけで、意識形態とはその生産関係を反映したものなのだというとらえかたがあるわけです。

このとらえかたに基づき、〈2〉生産力の発展と生産関係の照応・矛盾を説明する。生産力が発展していくことにより――生産関係自体が照応する場合、その生産関係のもとで生産力は発展していく――しかし、

**イマヌエル・カント**
**（1724年～1804年）**
批判哲学を大成し、近代哲学の祖とよばれるドイツの哲学者。〈カントは直観と思惟、感性と悟性を認識の二大要素として際立たせ、両者の総合的統一を強調し、認識の「コペルニクス的転回」を遂行して、形而上学や認識論の領域に考え方の革命をもたらした。〉（『岩波哲学・思想事典』290ページ）

**ゲオルク・ヴィルヘルム・フリードリヒ・ヘーゲル**
**（1770年～1831年）**
ドイツ古典哲学の代表者。〈ヘーゲルにとっては、精神こそが世界の創造者であり、その精神は即時的にまず理念として存在する。ついで、理念は自己を対自化するために外化して自然となる。この自然における自己疎外を止揚して自己自身に帰還した理念が

生産力の発展に生産関係が対応しきれなくなるときが出てきます。そうすると、生産力の発展は新しい生産関係を求めます。生産力の発展が基礎になり、生産力がより発展していくと、生産関係のほうが対応できなくなる。そこで新しい生産関係が要請されてくるというとらえ方です。このように人間社会の発展史を唯物論的方法でとらえようとしたのが、マルクスの唯物史観の基本的な定式でした。

## 唯物史観の問題点とは

**鎌倉**　では、この唯物史観にはどういう問題があるのでしょうか。唯物史観によれば、上部構造である法律、政治、さまざまなイデオロギーは、土台の下部構造の動き、その存在によって規定されると考えられています。これを人類史的観点でとらえます。先ほど佐藤さんが説明しましたが、マルクス主義では人類史を原始共同体から始まり奴隷制、封建制、資本主義、共産主義という流れで考えています。（マルクスの生きている間には資本主義までしか実現していませんが）それを全部一括して根



精神で、理念は自己の即自・対自態としてこの精神において絶対知に到達する。〉（『経済学事典』820ページ）

本的動力をとらえようとする。

資本主義以前の社会を含め、唯物史観の一般的定式を分析の方法にしたわけです。しかし、資本主義以前の社会を考える際、経済構造が政治や法律やイデオロギーを規定し、動かしているということが言えるだろうか。マルクス自身、封建社会の支配の仕方を「経済外的強制」と言っています。経済外とは何か。経済的強制とは市場経済と同じように、お金によって強制されて動く世界です。そうではなく、政治権力、国の権力によって労働者、農民が動かされ、支配される。それが経済外的強制なのです。

奴隷制社会の形成は、共同体間の戦争によって、負けた共同体成員が奴隷とされた。戦争という経済外的要因がなければ、その社会の形成は説明できない。封建制も権力によって領主が土地を支配し権力的に支配していました。それにはたして唯物史観の公式が当てはまるのか。唯物史観では、経済が政治権力を動かすのだと説明するのですが、それをそのまま適用するのでは、封建社会のことはほとんどとらえられないと思います。

## 生産力は誰が担っているのか

**鎌倉**　そこで第二の問題ですが、生産力の発展により生産関係が規定されるとか、それと矛盾して生産関係が変わっていくというとき、その生産力は誰が担っているのか、という点にあるわけです。生産する活動の基本は、労働者や農民、あるいは小生産者が生産活動を行なっているということですが、その生産力が生産関係を規定するということを社会形態の違いを問わず、どの人間社会でも妥当するものととらえようというのです。これは難しい。

たとえば封建社会を考えるとどうか。封建社会において農業生産力を発展させるために、日本の江戸時代だって農業用水を確保したり、さまざまな開発をしたりしています。それは農民自身が自主的に自分の意思でやったのだろうか。農民は働かされる対象で、それを動かしているのは権力を持っている領主であった。それを、唯物史観から言うと、生産力の発展の現実の主体は明確にされず、非常に抽象的に「人間は」となってしまう。

人間の生産活動における動力を、現実的に考えたときにどうか。それぞれの社会の生産力の主体を直接働く労働者、あるいは農民だと言えるか。言えないです。資本主義においてもそう言えない。労働者、農民が労働活動をしなければどんな社会でも成立しないし、発展もしないのですが、はたして生産力を担って労働をしている労働者が現実にその生産力の主人公になっていたか。少なくとも資本主義までの社会は主人公になっていないのです。そうすると、生産力の担い手は抽象的に人間だと言ってみても、その社会を具体的に現実的にとらえることはできないということになる。

生産力が生産関係を規定すると言ったときに、唯物史観を強調する人たちは、生産関係というと必ず階級支配関係を念頭に置くと思います。資本主義においては、資本の担い手である資本家が労働者を階級的に支配しているのであり、だから資本は生産関係であるとマルクスは考えました。繰り返しますが、マルクスが最初に資本をとらえた出発点は「資本は生産関係である」というとらえかたでした。

では、封建社会の生産関係はどうか。領主が農民、あるいは手工業者を権力的に支配する関係である。生産力の発展は、支配階級である領主の意図によって行なわれた。それは経済的発展というより階級支配の意図によるものととらえなければならないと思います。だから生産関係といっても生産過程そのものの人間関係ではない。それでは、階級支配関係を生産関係ととらえることで十分だろうか。その社会はとらえられているだろうか。

## 生産力発展の基本要因はなにか

**鎌倉**　実は、『ドイツ・イデオロギー』をはじめとしてマルクスが生産力を発展させる動力を考えたときの基本は協業、分業です。協業とは、例えば農業労働をやるときに農民が協同して働く、協同労働ということです。分業はそれぞれの作業を担当しながら社会全体の維持に必要な労働を行なうことです。それは小さな家族の単位から、それより広い地域共同体の範囲に拡大しながら、お互いに任務を分担しながら協同労働をしているのです。これが協業です。

『資本論』でのマルクスは、第1巻の11章で協業を生産力発展の大きな基本的な要因としてとらえています。そして、12章では分業も生産力発展の基本要因としてとらえている。そうすると、生産力発展の基本要因としてとらえなければいけないのは、労働する過程における労働者の協業、分業関係ということになりますが、それは（階級支配関係としての）生産関係といってよいか。実はマルクスも言葉に困り、「労働様式」とか、「労働の方法」という言葉を使っています。労働のやりかた、これが協業、分業ということになるのです。

生産関係は階級支配関係だと言いましたが、生産過程における人間関係の基本は労働者と労働者の関係です。それ自体は生産力要因なのです。ところが、唯物史観の公式で記述しようとすると、生産関係というなかで、労働者相互の協同関係とその労働者を支配する支配階級との関係との区別がまったくできない。そういうとらえかたですから、それぞれの社会の発展動力が生産力にあると言っても、それはどういう内容でとらえているのかというと、実にとらえにくいのです。

## 支配階級は生産力を担っていない

**鎌倉**　資本主義を解明しながらマルクスが明確にとらえるのは、生産力の本来の主体は労働者であり、支配階級は生産力の担い手ではないということです。資本主義においては資本が、利潤を追求する目的で生産力を発展させるわけですが、生産力の本来の担い手は労働者であるというとらえ方がはっきりしてきます。労働者こそが生産力の担い手である。その労働者が担っている生産力を支配階級が支配しているというとらえ方が明確になってくる。唯物史観の公式だと、その点は明確になりません。それぞれの社会において生産力の発展により、生産関係が変わるというとき、その生産力の現実の主体は誰か、そしてなにを目的として発展させようとしているのか、唯物史観ではとらえられない。

さらに、唯物史観のとらえ方で困難なのは、特定の生産関係が生産力の発展の桎梏となる点の説明です。桎梏とは、たとえば封建社会のなかで生産力が発展して、この生産関係の下ではもうこれ以上生産力が発展しえないということを意味しています。しかし、生産力はそれを突き破って発展していこうとするから、封建社会の生産関係は破壊されるという理解です。

この点も、どこまで生産力が高まっていったら、その生産力を高めたはずの社会経済、特定の生産関係と対立するようになるのかは理論的に確定することはできません。マルクスは唯物史観の定式では、この点をきわめて抽象的に表現しているだけです。資本主義的生産関係の中で生産力は発展していくが、生産力の発展がぎりぎりまで行き着いたときに生産関係が生産力の発展と対立、矛盾し、桎梏となると言っているのです。では、その内容はどうとらえたらいいのかというと、これが結構難しいわけです。

**佐藤**　そこの内容をとらえるというときに、資本主義社会においては純粋な生産関係というのはないということですよね。生産関係とはイコール再生産関係である。そうなると、労働者は労働力を商品化しないと再生産プロセスに入っていくことはできない。裏返すと、そこの中において労働力が商品化されていき、自分が労働力を商品化することによってしか生きていけないのだというイデオロギーも再生産されるわけです。

そうすると、資本主義の生産関係の発展とともにその限界にやってくるという方向に行くよりも、資本主義の生産関係が発展すればするほど労働力商品化のほうにとらわれ、例えば出世競争とか、金で買えないものはないとか、そのようになる危険性がありますね。

## 生産力の基盤は労働の社会化

**鎌倉**　それを従来のマルクス主義はどうとらえていたか。たとえばエンゲルスはどうか。それをベースにしたレーニンやスターリンはどうか。特に、ソビエトが崩壊した理論的根拠はスターリニズムにあったと言っていいと思うのですが、スターリンのとらえた生産力の発展要因の基本は、実は労働者の労働生産力ではなかった。大規模な生産手段だったのです。

スターリンは、労働者も含め、その意識は〝物〟によって規定されているととらえる。大規模な生産手段を導入すれば、それにより労働者の意識そのものも変わる、と考えた。でも、どこまで大規模化していけば労働者の意識が変わっていくのかわからない。

　マルクスは生産力を生産手段を基本にとらえたのではない。生産力の基盤は労働の社会化だととらえ、この労働の社会化が資本主義的所有関係の下ではこれ以上発展しえないというぎりぎりの限度までいき、そこで社会主義は、この労働の社会化に対応する生産関係の社会化を所有論でとらえようとした。労働の社会化に対応する所有の社会化というとらえ方になっているのです。

　ただ、生産の社会化、労働の社会化と言っても、内容的には難しいし、どの社会でも、労働は一人で行なわれていたのではなく、何人かの共同で社会的に行なわれていた。封建社会でも一人で労働しているわけではない。一定の共同労働をしている。社会的労働をやっているのです。

　資本主義の下では、小生産は別として雇用された労働者は資本家の工場、あるいは資本の経営の下で共同労働をやっている。その共同労働はどこまで発展していけば資本の支配と対立するのかというと、確定的には言えない。言うとしたら、労働は社会的労働になっているのに、まだ資本家が私的に所有している。だから、こういう所有形態そのものがおかしいのだ、あってはならないのだ、ということになってしまう。そこで所有形態も社会化していかなければならないという話になるわけで、そうすると社会主義は所有の社会化だというとらえ方になるのです。

しかし、そのベースになっている生産の社会化、労働の社会化がどこまで進展していったらそういう事態になるのかわからない。それは論理的に説明できません。感覚的に何かわかったような気がしてみんなそれを使うのですが、実際はわからない。労働の次元と所有（私有）の次元はまったく違うのですが、それがとらえられない。労働はどんな社会でも行なわれている社会存立の根拠・実体です。私有は、特殊な社会関係の下で行なわれている形態なのです。

## 資本主義そのものの解明が重要観

**佐藤**　「所有の社会化」の問題点というか困難さを、むしろ一昔前のアナーキストたちは独自に使っていたわけです。町に出て金持ちの子どものところへ行き、労働は社会化されているのにおまえの親が独占しているのだぞと言ってぶん殴って小遣いを取ってくる。これが社会主義の入り口なのだと、大正時代に若いアナーキストたちがやったわけです（笑）。

　労働の社会化についてソビエトの事例に言及します。たとえば出版をどう考えるかという問題です。本を出すには紙が必要ですが、その紙も社会化されていて人民のものだとなっています。そして、印刷所も社会化されているということです。それだから、すべての雑誌や新聞はなにかの機関紙ということになります。

　そうすると、組織を持っていない個人が何かを発行することはできない。そこで生産手段の社会化は、結果としては国家と結びついた話になり、国家統制に簡単にくっつけられてしまう。そして官僚制とつながる。スターリニズムとはそういうことです。だから、スターリニズム社会に何年か住んでいると、あの雰囲気はよくわかります。

**鎌倉**　そういう生産力・生産関係の対立・照応・変革の図式を、最初はマルクス自身も資本主義解明に適用しようとしたわけです。そして、その定式によって資本主義経済の分析を始めていくのだけれども、それをやっていく過程において、自分の考え方を根本的に、徹底的に見直さなければならないということに気がつきます。それを、マルクスは『経済学批判』の序言の中でも明確に書いているのです。

どう見直していったか、ということが重要です。生産力によって生産関係が規定されるというのではなく、資本の論理の発展という方向になるわけです。まず、資本主義を解明の対象にする。人類史に適用した唯物史観の公式を資本主義に当てはめるのではなく、資本主義経済そのものを理論的に解明することに集中していくわけです。

## 『資本論』に残る唯物史観

**鎌倉**　マルクス自身、『資本論』でそういう方向をだいたい確立するのですが、まだきちっと理論的に説明できないところに唯物史観の方式を当てはめて説明しようとしているところがあります。その点は、第1巻24章第7節「本源的蓄積」の「資本主義的蓄積の歴史的傾向」というところに典型的に示されている。

ここでマルクスは資本主義の歴史的崩壊の必然性を示している。『資本論』で一番有名なところと言っていいでしょう。

〈生産手段の集中と労働の社会化とは、それらの資本主義的外被とは調和しえなくなる一点に到達する。外被は爆破される。資本主義的私有の最期を告げる鐘が鳴る。収奪者が収奪される。〉

こういうことをストレートに言おうとするときには、マルクスはやはり唯物史観の公式を適用して言わざるを得なかったのです。

この資本主義崩壊の必然性の展開は非常に簡単です。最初の出発点は労働した労働者がその労働した生産物を自分が所有する、自己労働に基づく所有です。ところが、生産力が発展していく中で生産手段も大規模化していき、それに対応して労働も社会化していく。しかし、所有関係はまだ私的所有である。資本家的私的所有関係が依然として維持される。これが資本主義の根本矛盾である。社会的労働なのに私的所有がなお行なわれている、という矛盾。ところが、資本主義のなかで次第にその私的所有関係が変化していく。小資本が大資本に吸収されていくからです。資本の集中によって資本自体がだんだん少数になり、大規模化していくという傾向をマルクスは指摘する。

結局、労働の社会化の発展に資本の所有関係の社会化ということで、資本家的私的所有は社会的所有に転換しなければならなくなる。資本主義の下で現実に社会的労働が形成されている。社会主義を実現する、つまり社会的所有関係を形成する物質的基盤は既に資本主義の下でできているというとらえ方になります。

この24章第7節で示された資本主義崩壊の必然性こそ『資本論』の真髄だととらえられてきた。資本が次第に弱小資本を集中合併しながら大規模化していく過程において、生産過程そのものが共同労働により生産力が発展していくし、科学が適用され、科学技術が発展していく。社会主義の物質的基盤が成熟していく。しかし資本主義の下では、それを一握りの巨大独占資本が支配している。これはまったく不当で、生産の社会化に照応していない。そこで当然のことながら社会的労働を担っている全労働者が労働してつくった生産物を所有する。これが社会的所有であり、これが社会主義なのだ、と言ったわけです。

## 株式会社と協同組合の違い

**鎌倉**　このとらえ方を具体的に示すものととらえたのが株式会社です。資本家的私的所有との矛盾・対立から社会的所有への転化の過渡形態として株式会社がある、と。第3巻27章「資本主義的生産における信用の役割」の（3）で「株式会社の形成」について言及しています。最初の資本は個々の個人的資本である。個々の資本家が個人的に資本家経営をやっていたが、だんだん生産規模が拡大していくと資本も大規模化していく。ただ、個人資本から共同出資の形になり、結局、株式会社が形成されてくる。

株式会社とは、資本家が個人から社会的結合体になったものである。資本主義の枠のなかではあるが、社会的所有へ転化する過渡形態であるというとらえ方になっています。ですから、従来は国家の経営でしか成り立たなかった大規模な事業が株式会社になると資本を大量に集めることができるので、資本家的経営が可能になると言っているのです。

資本主義的生産は、生産手段や労働力の社会的集積を発展させる。ある資本の下に大量の生産手段、機械が集められ、多くの雇用者が雇用されているということを「集積」という言葉で説明します。さらに、社会的に資本の量は増えていないが、ある少数の資本が他の資本を集中合併するような場合、これを集中と言います。この集積・集中によって資本は個人資本から社会的資本に発展する。したがって、株式会社は社会企業、そして資本主義的生産様式そのものの限界の中での私的所有としての資本の廃止だととらえたのです。

ただ、私的所有の枠のなかと言っているので、逆に難しい。私的所有の枠のなかでの私的所有の廃止、社会的所有への過渡形態という理解ですが、はっきり言って資本の本質は何も変わりません。資本家が1人から10人、100人、あるいは1万人になったとしても、資本家的経営をしている企業が資本主義的経営をやっているわけです。利己的利潤追求の経営をやっているところは何も変わっていないのです。それをやるための資本、大量に社会的な資金が自己資本として集中したというだけです。

**佐藤**　ですから、現象面として似ているように見えても、株式会社と協同組合とは原理的に違うわけですね。

**鎌倉**　違いますね。株式会社の目的は利潤追求、協同組合は組合員の生活向上が目的です。

**佐藤**　マルクスの株式会社論のところを協同組合論に結びつける人がいますが、株式会社論という形だったら、労働力が商品化を前提とされて搾取という関係がある。現象としては、協同組合はみんなが出資して、それを分配するということです。それは効率が悪くなるのでなかなか株式会社には勝てない。現象面としては、株式会社に似ていても、協同組合は違う論理によって成立している組織ですよね。

**鎌倉**　そういうことです。マルクスは、株式会社について資本家的所有の私有だとはっきり言っている。しかもそれだけではなく、資本主義の枠のなかで、例えば小魚はサメに飲み込まれ、ヒツジは取引所のオオカミに飲み込まれてしまうのだと言っている。だから、社会的富と私的な富という対立を克服するのではなく、新しい形の対立をつくっているのだと言っています。

協同組合はロッチデールというイギリスの、最初は消費者協同組合だったものが発展して生産協同組合にまで達したのです。それについても27章で指摘していて、その協同組合はむしろ社会主義的な経営にいく積極的過渡形態であるとしています。

株式会社はそれに対し、消極的過渡形態と言っているのです。資本主義の悪・矛盾、利己的利潤追求を克服していない形態というわけです。

## 所有形態の社会化だけではだめ

**鎌倉**　所有の観点から言うと、消極的過渡形態であるにせよ、株式会社は社会的所有への一歩前進である過渡形態とマルクスは指摘した。マルクス主義者の多くはそこから「ここが重要な点だ」というとらえ方をしてしまった。最初はエンゲルスもそうでしたが、クルト・ツィーシャング※という東ドイツの経済学者が、資本主義の枠のなかでどのように社会的所有が形成・発展していくのかということを定式化してとらえたのです。

最初は個人的所有だったのが、次第に資本主義が発展していくと、兄

**クルト・ツィーシャング**　〈国家独占資本主義を《資本主義的生産関係の一発展段階》と規定し、帝国主義よりさらに高次の一段階として位置づけている。〉（『現代マルクス＝レーニン主義事典〈上〉』666ページ）

弟が金を集めてブラザーズカンパニーとなり、さらに社会的な資金を株式を発行して集中導入して、社会的資金を集中した株式会社をつくる。ほとんど社会的所有になっており、さらにそれを一歩前進していくと国有という形になる。これは社会主義寸前であり、この国有を拡大していく過程をふまえて社会主義を実現していくのだというとらえ方です。

労働者の活動は生産過程において労働者が主体的な意識を持ち、労働力の商品化を廃絶し、自分たち自身が生産活動の主人公として共同労働をしていく。そういう意識と実践行動というものがなければ、社会主義は現実に形成されないのですが、〝しのびよる社会主義〟ということで、所有形態が社会化すれば社会主義が実現できるかのようなとらえかたになってしまったのです。

**佐藤**　クルト・ツィーシャングという人は東ドイツの経済学者の中で非常に頭のいい人で、西ドイツの国家独占資本主義の実証研究をやっていて、結構注目されたのです。そこに一橋大学の今井則義先生が、ツィーシャングの議論を輸入した。そのツィーシャング・今井理論というものの批判を大内力さんが東京大学出版会から出ている『国家独占資本主義』

という本のなかでやったのです。

私が見るところ、大内さんのツィーシャングの国家独占資本主義は結局、資本主義の新しい段階なのだという発想が入ってきてしまっています。宇野学派が混乱してくる原因の一つは、やはりクルト・ツィーシャングにあると思います。

このクルト・ツィーシャングの考え方の背後にあるのはフリードリッヒ・リスト※です。ドイツの国民経済学と言われたナチスの公認経済学に入っていた、ちょうどデヴィッド・リカードと同じ時代の考え方の人で、この人の考え方は今のＥＵ（欧州共同体）の中にも見られます。

ちょうどツィーシャングがさまざまな議論を展開したころ、東ドイツでもフリードリッヒ・リストのルネサンスがあったのです。ですから、ドイツ人の発想で共同所有的なところ、国有、社会主義的所有という発想の一つの鋳型であるのがこのフリードリッヒ・リストです。

宇野弘蔵は『社会科学の根本問題』という本の中で「社会党の関税論」という論文を書いていて、その中でリストの社会化、ドイツ型の社会主義について批判していますが、これは今の問題とも絡むものだと思います。

**フリードリッヒ・リスト（1789年～1846年）**
〈ドイツ歴史学派の先駆者。彼の経済学は国民生産力の理論、経済発展段階説、経済学の国民性の主張を特色としていた。〉（『岩波経済学小辞典』第2版295ページ）

# 「経営者革命論」の問題



**鎌倉**　これとかかわってもう一つ言うと、所有が株式会社において社会化されていくのに対応して経営がどうなるかということを考える必要があります。株式会社が発展していくと株式が分散される傾向が生じる。小株主が大量に形成されてきます。そういう小株主は経営をどうするか。小株主ですから議決に与える影響は小さいので、経営には意思を反映させられなくなる。配当だけが目当てになり、経営はお任せになってしまう。それをさらに発展させて株式会社を通して所有と経営の分離が起こり、経営のほうは資本の所有者ではなく、独自の経営者が独自の考え方を持って経営していくようになるのだ、というのがジェームズ・バーナム※という人の「経営者革命」という考え方です。

つまり、企業経営の側から考えると、おカネが社会化されたという考え方というより、経営が資本の所有関係から独立して、経営者が独自の経営を展開していく、という方向を考えたのです。これが経営者革命論という考えです。経営体が実際の社会主義的経営になってしまうような

※ジェームズ・バーナム（1905年～1987年）米国の思想家。

とらえかたです。

『資本論』第3巻27章の説明の中に「機能資本と貨幣資本」があります。実際に株式を持っている貨幣資本家の力が経営に対し発揮されなくなってきて、経営は機能資本家がやる。ただ、機能資本家は経営活動をやるわけです。だから、資本の機能というよりも、だんだん経営独自の機能になるかのようなとらえかたがある。株式会社については、こういう経営と所有の分離という考え方は今でもかなりあると思います。

**佐藤**　確かに、バーナムの「経営者革命」は現象面ではそう見えるわけです。ただ、現象面でそう見えても、われわれが考えないといけないのは、「資本はあくまでも純粋な資本の論理で動く」ということです。

そうすると、なぜ貨幣資本のように自分が経営すればもっと利潤が取れるのに、利子だけで我慢しないといけない資本家が出てくるのか、ということになります。これを理論的に説明できないのです。だから現象面としては、リタイアした資本家のように、「もう私は体力的に自信がないし、カネは十分に貯めたからもういいのでおまえに任すよ」とやっているケースは現象としてあるでしょう。しかし、それは資本家のなかの分配の問題です。資本主義の構造には変化がないのです。

**鎌倉**　そういうことですね。

**佐藤**　ここのところがポイントだと思います。そして、宇野はそこに気づいたわけです。ただ、馬場宏二《ひろじ》※さんあたりも日本型経営礼賛になっていますよね。

**鎌倉**　国内の大企業同士で株を持ち合う日本型経営では、社員が会社役員になることが多かった。そうすると、経営体が資本主義的経営でなくなってしまうようなとらえかたになってしまうのですね。

**佐藤**　馬場さんのあの発想自体が私にはショックだったんですよ。この講座の受講生に関係者がいたらごめんなさいね。日本型経営論とか、ああいう変なのにいくのはだいたい講座派です。日本独自の資本主義の発達という形からくるので日本型経営論などにいくのだけれども、宇野派からそういうのが出てきたのは非常にショッキングでしたね。

**鎌倉**　馬場宏二さんについては、私も『「資本論」を超える資本論』（社会評論社、２０１４年）のなかで批判しています。第１部の第２章「現実分析の理論的基準として」で、かなり詳しく批判・検討しておきまし

**馬場宏二**
**（1933年〜2011年）**
経済学者。東京大学名誉教授。著書に『宇野理論とアメリカ資本主義』（御茶の水書房、2011年）

た。要するに、経営は基本的には支配株主によって支配されている。支配株主とは、個人資本でなく、つまり属人的にとらえるのですが、日本の場合には法人が支配株主になっているわけです。企業が市場を支配しているという構図です。経営体は資本主義的経営から何も変わっていません。利潤追求でやっているので、そこのところははっきりとらえなければなりません。

**佐藤**　細かい点ですが、貯金よりも株のほうが安定しているとか、少額の株だったらどんどん買わせようと政府が誘導していますよね。たとえば無税だった投資額を100万円から200万円に上げました。私は、この政策はイデオロギー的要素が非常に強いと思います。

労働者に株を買わせることにより、労働者に株を購入した部分に関しては資本家だという意識を持たせようとしている。その意識では、資本家としての規模は考えない。しかし、われわれが株を買い、資本のごく一部を分有したとしても、それはいざというときの予備費以上のものでも何でもないわけです。賃金の変動の中の一部の予備のものを、イデオロギー的に資本家の一部だと思わせる。こういうトリックなんですよね。

**鎌倉**　その指摘は重要です。労働者を含めて株式所有―所得が一般化し、支配層になれば、所得形態は一元化する。しかし株式所有―所得は、労働者の労働の搾取を基礎にしているのです。だから所得形態は一元化しない。

## 社会の主人公は労働者

**鎌倉**　次に、２番目のテーマ、「『資本論』の論理の純化・確立――宇野経済学の意義」に進みたいと思います。

マルクス自身、人類史のなかでの資本主義ではなく、なによりも資本主義経済そのものの理論的解明に課題を集中しました。実は、先ほど抜かしたところがあります。唯物史観の公式のなかで資本主義についてマルクスはどのようにとらえていたかということに触れたいと思います。

１（２）①「人類史の一特殊的生産様式としての資本主義」です。資本主義とは、人間の社会の前史の終わりである、と。どういう意味か。「まだ人間が社会の主人公になっていない」という意味です。それを前史と言っているのです。その前史——社会的生活諸条件に対する生産関係の敵対の最後の社会が資本主義だ、というのです。つまり、支配・被支配の関係、階級支配関係がある社会関係の最後の社会が資本主義である。階級社会でなくなる社会が次の社会であるというとらえかたをしていたわけです。それをどのように理論的に解明できるだろうか。

これを『資本論』のマルクスが解明していくのですが、なぜ資本主義においても階級社会がなお成立しているのか。旧来の社会、資本主義以前の社会は階級社会でした。それでは、階級社会成立の根拠はいったいどこにあるのか。『資本論』の最後の章、第3巻の52章は「諸階級」です。『資本論』は、なぜ資本主義では階級対立が存在する社会なのかと意識しながら、回答を示してきているのですが。3巻52章という『資本論』の最後の最後でもう一度そういう問い掛けをしているのです。

**佐藤**　ここの部分は、岩波文庫版で2ページ分しかありません。しかも最後のところは〈手稿はここで中断されている。〉となっていて、原稿が切れているんですよね。

**鎌倉**　そうなんです。『資本論』全体で、なぜ資本主義では階級対立があるのか、を解明している。しかし、人類前史の最後ということを明らかにしうるのかが非常に重要です。マルクスは実体という言葉を使っていますが、本来の社会の担い手、実体の主体は労働者なのです。農民、手工業者を含め、働く労働者が労働することにより社会を築いているし、社会を発展させることができる。これがマルクスの根本的な考え方です。

つまり、社会の主人公は、本来の主人公である労働者なのに、それが階級的に支配されている。しかし、資本主義は階級社会の最後だということは、資本主義を支配している支配階級は実は社会の実体の担い手ではない。資本家階級がいなくても、社会は立派に存立するし、発展していくことができる。そういう労働者階級の自覚ができる。封建社会までは無理であったが、本当に労働者が社会を担っているという自覚、意識を確立することのできる社会が資本主義であるとマルクスはとらえたのだと思います。その意味で資本主義は階級社会の最後だと言っているのです。本当の社会の実体を担っている、社会の存立・発展を担っている労働者階級が「われわれこそが社会の主人公である」という意識を確立し得るということであり、それを理論的に証明しようというのが『資本論』体系の基本だったと私はとらえています。

社会の存立にとって必要不可欠でない連中、連中と言うのもおかしいですが、いわば要素、これが社会の主人公として支配している。封建社会を支配していた領主、殿様たちがいなくなったら社会は存立・発展しなかったのだろうか。農民、手工業者ではなかなかそういう自覚にまでは到達できなかったろうと思います。ところが、資本主義経済を解明するときは、資本の本質を明確に理解することにより解明できる。資本は社会の発展にとって、あるいは存立にとって実は必要でないもの、余分のものなのだということ。言葉としては「形態」を使っていて、社会の形態的存在であるとしている。ある特殊な社会においては存在するかもしれないが、実体＝社会存立の根拠そのものではない。こういう理解にマルクスは唯物史観を通してぎりぎり到達したと思います。そして、それを論理的に解明してみせるというのがマルクスの『資本論』の論理構築の目的だったと思います。

## 歴史学としてのマルクス経済学

**佐藤**　私も全く同じ解釈です。別の説明をしてみます。「歴史」という考え方は近代になってから出てきたものです。実はマルクス経済学は、究極的に歴史学の一分野として位置づけられると私は思います。歴史のなかの資本主義という特殊な時代になったので、われわれの社会がどのような構造なのかということを首尾一貫して論理的にわれわれは初めて認識できるようになりました。だから、資本家であっても、労働者であっても、あるいは農民であっても、あるいは医者といった資本家にも労働者にも入れられないような人にとっても、日本人にとっても、ロシア人にとっても、サウジアラビア人にとっても、全員が理屈を追い掛けていけば、資本主義がわかるのです。

資本主義を理解するためのポイントは「労働力商品化」です。そして、社会のなかで資本というものの運動がなされており、資本主義の構造というものができあがっている。そのことはみんな認識できるのです。

資本主義の認識が完全にできるということはどういうことか。われわ

**ポストモダン**
〈理性による啓蒙を基盤とした近代の制度、実践、思考は、真理を提示する力においても、批判的な分析力においても袋小路に陥ったと指摘し、消費社会や情報社会に対応する知や実践のあり方を提唱し実践する哲学的、文化的思潮。〉〈これに対して、近代を未完のプロジェクトとして理解するハーバマースらは、ポストモダンの主張が近代を外在的に観察する立場を先取りしており、理性的合意の可能性を否定しながらも当の発話者自身はなおも自らの主張の理解可能性を前提する「遂行的な矛盾」に陥っていること、さらに近代が可能にした価値分化と批判の水準をまるごと無化してしまう「新保守主義的な」衝動を含んでいることなどを強く批判した。〉(『岩波哲学・思想事典』１４９１〜１４９２ページ)

れはその枠の外に出ているわけです。枠のなかにいると、われわれは自分がどのような社会にいるかということを基本的に認識することができない。だから、完全な認識ができるということは、その認識を対象化しているわけですから、そこから外に出ているということです。

もう一つ重要なことを述べておきます。実は、※ポストモダン以降、多様に変化してゆくものの根底にある持続的、自己同一的なものを指す「実体」という言葉が非常に評判が悪いのです。ところが、実体主義的な理解として『資本論』を読み解くのが鎌倉『資本論』解釈の特徴であり、私はこれは極めて正しい見方であると思っています。そこでポイントになるのは、人間の労働が社会を成り立たさせる基本なのだということです。これが直感的に正しいとなんとなく思われていても、今の主流派経済学の議論では労働価値生産なんていう考え方は絶対出てこない。これは、私たちが転倒した社会にいるからです。

佐藤優氏は次のように批判する。〈「ポスト・モダン」の言説は、資本の運動の自由を最大限に担保する宇野（弘蔵）氏がいうところの「純粋な資本主義」を言い換えただけに過ぎないように思えるのです。例えば、一部の「ポスト・モダン」の論客が行っていた福祉国家批判を見てみればそれは明らかです。その結果、現れてきたのは、国家から再分配機能が削がれた剝き出しの暴力を特徴とする国家ではないでしょうか。〉（『帝国の時代をどう生きるか』164〜165ページ）

# 恐慌はなぜ生じるのか

**鎌倉**　問題意識がはっきりしたところで、先ほど述べた2番目のテーマ、「『資本論』の論理の純化・確立――宇野経済学の意義」について基本的な説明をしておきます。

2（1）資本主義経済の確立が経済学を成立させたということはどういうことか。古典経済学から始まり、マルクスの経済学を含め、経済学が形成される根拠がある――経済学という学問が成立する可能性と必然性が資本主義経済にある、ということです。

それはまず経済の自立です。レジュメでは〝法治〟としてありますが、資本主義経済が自動的に、いわゆるレヒト（ルール）ですが、誰がルールをつくるというのではなく、経済の動き自身が自律的にルールをつくり出すのです。レヒト（Recht＝right＝正義）――等価交換と言っていいと思います。これはアダム・スミスが明確にした理論で、神の摂理によって〝見えざる手〟に導かれて等価交換が成立するというとらえかたです。ここで重要なのは、経済が自律的に発展していくということです。

ルソーには国家論はないですが、基本的な考え方はすべて〝法治〟です。法治の関係が可能であり、そういう関係を資本主義であるとしている。経済が法律や政治やイデオロギーの基盤であり、基盤であることを示し得る社会、現実に示すようになった社会が資本主義社会であるととらえていいのではないかと思います。

しかし、それだけではありません。問題は経済法則です。法則の成立ということです。経済は人間の行為です。経済を担っている人々が経済的行為を行なっているわけです。抽象的に言えば商品所有者相互の関係であり、具体化して言えば資本と賃労働の関係ということになりますが、それぞれがそれぞれの意思、欲求に基づいて行動を起こしていても、その行動では自分の思いどおりに社会を動かすことができない。こうありたいと思って行動を起こすのですが、むしろそれが社会全体の動きに規制されている。

個々の資本から言えば最大限の利潤を実現したいわけです。とことん自分の自由を実現しようとする。いまは新自由主義の下でかなりそういう傾向が進んでいますが、労働者に対して自由に労働者を雇用して、必要でなくなれば自由に解雇できるようにしたい。解雇の自由が、資本としてのある意味で理想の姿です。とことん労働させて賃金はぎりぎり引き下げるのですから、利潤追求を目的とする個々の資本からすればそれは理想の姿です。

しかし、そのように資本が利潤を追求すると、労働力が不足します。いまは少子化だし、低賃金で労働者は結婚すらできない。となると、労働力の再生産ができません。特に、技術系労働者が徹底的に不足してきているという状況が出ています。労働力の再生産が社会的にできなくなるし、個別資本は自分の利潤追求でとことん労働力を濫費してしまおうとする。あとは野となれ山となれでしょう。

ところが、労働力の再生産ができなくなれば個々の資本の行動自身もできなくなります。これが社会的規制、強制になります。この社会的強制が経済の法則として表れる。実は、それが恐慌です。景気がよくて賃金がどんどん高くなる。労働者をどんどん雇用していく。ところが、賃金が高くなり、個々の資本の利潤が得られなくなる。どこの資本も利子を払ったら赤字になるという事態になれば恐慌になります。賃金が上昇して利潤が得られなくなるから恐慌が起こるというわけです。利潤が増えれば景気がよくなるとか、賃金を上げれば景気がよくなるようなことをいまもみんな言っていますが、実はそうではない。労働者にも都合がいい、資本家にも都合がいいなどという関係は資本主義の現実にはあり得ません。

**佐藤**　恐慌の原因について経済学辞典や百科事典を引くといろいろな説があります。いま鎌倉先生がおっしゃったことは、そのなかの資本過剰説です。資本が過剰になっているから恐慌が起きるという考え方で、私の理解でも、恐慌について合理的な説明をする唯一の方法だと思います。

## 資本の論理を知り尽くす

**鎌倉**　資本主義社会では、経済法則によって個々の資本家も労働者も動かされてしまっているということです。これが法則性ということです。もちろん、政治家だって動かされています。自分が自由に支配し、操作しているようにとらえる人もいるかもしれないが、そんなことはない。その人自身が動かされる存在なのです。これが法則です。法則的強制です。資本主義では個々人の自由は実現できません。生活をうまくやり、何とか国家財政を豊かにしていこうと言っても、思いどおりには絶対できない。それは法則によって縛られているからです。そこで政治経済学（political economy）というものが登場してくる。なんで縛られているのか、どうしてわれわれはそういう強制的動きに支配されているのかを解明しなければならない、となったわけです。そこで、経済法則を解明し得る法律や政治から離れて、経済の動きを解明できる可能性を探ることになるわけです。

たとえば、自然法則を私たちは変えることができません。自然法則に反したことをやればしっぺ返しを受けます。法則によって私たちは縛られています。ところが、経済は人間の行動なのです。一人ひとりの人間がそれぞれの意思に基づいて行動しているのに、何で強制的な法則が生まれ、それによってわれわれが縛られているのか。ここを解明しなければいけない。これが経済学の必然性だったととらえることができると思います。

レジュメ（2）に〈科学＝客観的論理としての『資本論』〉と出しています。これについては、私の著書『「資本論」を超える資本論』（社会評論社）の第1章「宇野理論は『資本論』をどこで超えたか」で具体的に書いています。今日はこの第1節の「方法上の転換」というところに触れ、科学的論理とは内容的にどういうことだろうという基本的な点をお話ししておきたいと思います。

まず、考える対象は、資本を現実の主体とする商品経済的関係です。資本家は、「人間として言えば資本の担い手」、あるいは「資本の人格化」だと、マルクス自身も表現しています。資本の人格化としての資本家が支配している商品経済社会ということです。これがわれわれの論理を形成する対象です。ですから、資本が主体となっている論理、資本とは何なのか、資本はどういう行動を展開するのか、資本は儲けるためにどういう方法を導入するのかということです。そういう資本が主体となっている論理を解き明かそうというわけです。『資本論』で言うと、第1巻の第1章商品論、第2章交換過程論、第3章貨幣または商品流通、すなわち貨幣論、第4章貨幣の資本への転化です。

つまり商品、貨幣、資本を明らかにしているのですが、ここでは、すべて資本とは何か、資本の本質はいったい何なのかということを論理的に解明しているのです。商品論だけでわからなくなり、やめてしまう人が多いのですが、第４章まで読んでもらうと理解できると思います。資本を明確にとらえるために商品論があり、貨幣論があったのだということが明確になると思います。

つまり、『資本論』で展開されているのは資本を主題とする論理だということです。ですから労働者・人民が資本主義を批判し、その支配を転倒させる観点で書かれた書物ではありません。資本は悪玉だ、われわれを搾取し、収奪している、だからこれを打倒しよう、という観点に立って資本を批判しているのではないわけです。

資本とはどういう性質を持っているかから入っていく。「敵」を知ることとレジュメには書いていますが、労働者にとって敵対している相手、われわれを支配している相手の資本をとことん知り尽くす。これが資本の論理なのだということで、資本を主体とした論理ということになる。

## 資本主義発展の限界

**鎌倉**　そして資本主義の発展の最後の限度という部分にくるわけですが、資本の発展とは、自由に価値を増殖し、利潤追求を実現し、思いどおりに金儲けを実現するために、次々に資本は新しい形態を発展させようとしてきたことを意味します。

その資本の枠のなかで最高に発展した資本、これが株式資本です。大内力さんは「国家独占資本主義」を新しい段階であるようにとらえたのですが、その前の段階である第一次世界大戦前の古典的帝国主義を支配している資本と、国家独占資本主義を支配している資本ははたして違うのか。資本として新しい形態が発展したのか。基本的には金融資本であり、その基本の株式資本は変わっていません。だから、資本主義は、株式資本を資本の最高の発展形態であるという論理になるのです。資本を主体とした論理の行き着くところが株式です。そこまで明確にとらえていくと、資本主義の発展は資本自身のほうからいくと行き止まりで、これ以上発展し得ない限度があります。それを資本自身が暴露する。ここの論理はすごく面白いと思います。

**佐藤**　鎌倉先生以外の『資本論』の概説書や経済原論の本を見ても、今の視点は出てきません。鎌倉経済学の特徴は、「人間自身の擬制資本化は、人間はものではないから成立しない」と言う一方、他方において「資本の商品化＝株式は擬制資本だから、この株式はフィクションとしてしか成立しない」としている。だから資本主義には入口・出口が成立し得ない。それによって転倒した体系の中にあるのだということです。宇野派の中で経済哲学的に資本主義は何故に実体的に成立し得ないのかというところに踏み込んだのは鎌倉先生だけです。これが、私が鎌倉経済学にほれ込んでいる理由です。

## お金は資本かどうか

**鎌倉**　いまの指摘は、レジュメの（2）で言っていること、対象に即した対象の論理とは主観ではないという意味です。しかし、対象に即するとはどういうことでしょうか。

たとえば、私が持っている時計は商品か。この時計は私が使っていま す。使っている以上、商品ではありません。時計を商品にしている時計屋さんでは、時計は商品です。しかし、時計そのものを見ても、それが商品であるかどうかはわからない。商品であるかどうかは、売り手が持っているかどうかで判断する。必ず売ってお金と交換しなければならない形で持っているものが商品です。

では、お金は資本かと聞くと、みなさんはどう考えるでしょうか。高校の社会科の授業で、資本の説明をどうやっているでしょうか。一定額以上のお金が資本だと考えているようです。では、お金がどれだけ多くなれば資本になるのか。社会化の授業の説明では、それはわかりません。

宇野さんは、そこは明快です。資本はお金の使い方だと説明しているのです。ものすごく俗っぽく感じますが、実はそうではない。金儲けのためにお金を使ったときにお金は資本になる。私たちにとってはなけなしのお金で、一杯やろうやということになると、お金がなくなるし、飲んだらものもなくなる。お金の特殊な使い道が資本だということですが、それは使っている人でないとわからない。資本を資本家の立場でとらえるとは、そういうことです。

お金をどうやって使うのか、というところまでとらえないと、資本かどうかはわかりません。消費に即して見る。あるいは貨幣に即して見る。貨幣はどういう機能をしているのか。博物館にはお金の標本がたくさんありますが、それを見たって何に使ったのかわかりません。日銀の博物館には金貨がたくさん並べてありますが、お金の使い道はわからない。お金をどう使うのかというのが貨幣の機能です。ものを買うときに使うのが購買手段、支払ったときに使うのが支払手段である。外国に支払う場合は世界貨幣として使う。あるいは貯蓄する。そういうお金の使い方は、使ってみる立場に立たないと、その機能はわかりません。ですから、資本の立場に立って資本はその本質をどのように発揮していくのかととらえたときに、資本は明確になるのです。対象に即するとはそういうことだと思います。



## 企業はすべてブラックであるか

**鎌倉**　流通運動としての資本については第1回の講義でお話ししました。資本主義経済を対象にして資本論の論理が成熟していくなかで、資本の本質は流通運動だととらえる。お金を投じてお金を増やすという金儲けを目的とした流通の運動なのだととらえる。これは利己主義ですから、相手をやっつけて自分が利益を追求していくという弱肉強食となります。本来、資本は社会性を持っているわけではないのです。利己的に自分の利益を追求しようという本質を持っているのが資本だということです。

**佐藤**　金貸し資本について一例をあげます。鎌倉先生はVシネマ※は見ませんか。金貸し資本について端的にわかる映画は、竹内力《りき》※が主演している『ミナミの帝王』です（笑）。『ミナミの帝王』の金の使い方はどうか。持っている金をトイチ（10日で1割の利子）で貸して利子を取るわけです。借りた人が、どうやって稼いで返すかということには関心がありません。消費するために借りた人には、最後は体で返せとか、腎臓を売ってこいという話になるわけです。あれを見ると資本の論理がよくわかります。ですから、ブラック企業というのは実は間違えた言い方で、企業は全部ブラックです（笑）。資本の良心に従うとブラックになるわけです。

Vシネマ
英語の「video（ビデオ）」と「cinema（映画）」の造語で、劇場公開せず、ビデオ（DVD）商品用として製作された映画のこと。ヤクザやギャンブル、アダルトを取り扱った作品が多い。

**竹内力**
**（1964年〜）**
日本の俳優、タレント、歌手、映画プロデューサー。

**鎌倉**　資本の社会的成立は前回強調しました。労働・生産が社会を存立・発展させる根拠であるが、それとは関係のない流通、生産過程の外部で運動していた資本が生産過程を自分の支配下に置き、自分の運動の中に取り込もうとするわけですから、土台無理があるのです。その無理を実現しようとするものだから、必ず暴力が発生します。

たとえば、新しい多国籍企業が外域にどんどん進出していくとき、そこで生活していた人たちの生活基盤を破壊しなければ進出できないわけです。ですから、新自由主義は暴力を伴う。多国籍企業の世界的進展は必ず暴力を伴うわけです。今でもこれは実証されていることです。そして、その暴力は資本の本質に基づくものだという点を強調したいと思います。資本が支配する社会を建設する過程における労働者、農民に対して土地を奪う。土地は国家が奪っていくのですが、それは資本の支配の条件をつくることになります。それが労働力の商品化です。

## 機械を導入する目的はなにか

**鎌倉**　そして、もう一つ重要なことを説明します。唯物史観の公式から言うと、資本主義の下で社会主義の物質的基盤ができるということをマルクスはかなり強調している点です。『資本論』第1巻13章「機械装置と大工業」の機械を説明しているところです。ここでマルクスが、資本主義における機械の役割、大工業と機械について触れているところはわかりやすいので、その部分だけ読んでみるのもいいと思います。

資本主義における機械の役割は、今日にまで発展させて言うと、資本主義における技術をどうとらえるかということです。現在開発され、対象化している技術を含め、それをどのようにとらえたらいいのかという問題に関わってくるのです。マルクスは、唯物史観的なベースで言うと、資本主義が開発し、導入した技術、機械が社会主義の物質的基盤になると言っています。社会主義の基盤になるように考えたのです。

だから、いま中国は、どんどん外資を導入しながら生産力を高め、物質的基盤を高めているのだから、社会主義と矛盾しないのだというようなことを言っているのですが、はたして正しいのでしょうか。資本主義における機械技術の発展と歪みとはなにか。資本主義において機械を導入する目的はいったいなんなのか。つまり、その機械の導入により、どういう歪みが発生するかという問題があります。歪みというのには私たちの観点が入っているからですが、労働者にとってどういう影響を及ぼすかととらえていいと思います。資本主義における機械導入の目的は何でしょうか。

**佐藤**　利潤の増大ですね。

**鎌倉**　利潤の増大であり、競争力を高めるためです。相手を出し抜いて自分の市場を拡大するため、コスト切り捨てを図るための重要な手段、さらに労働者を要らなくする手段とするためです。機械を導入することにより、今まで労働者が雇用されていた領域に機械が入ることになるから労働者を見放す。つまり、失業をもたらすということです。さらに、機械を導入することにより、生活必需品の生産に機械が入ってくるから生産力が高まり、生活必需品の価値が低下します。貨幣価値が変わらないとすると価格が低下するのです。機械導入の社会的効果は、生活必需品の価値低下を生みます。

**佐藤**　そうすると、必然的に労働力商品の価値そのものも低下させることができるということですね。

**鎌倉** そうです。賃金を引き下げることができます。これが資本主義における機械導入の目的です。

**佐藤** 平たく言うと、「100円ローソン」でものを買って生活する、たとえば、ギョウザ16個を100円で食べる生活をしておけば、食べていくだけだったら1カ月1万円でやれるという感じになってくるわけですね。

**鎌倉** そういうことです。

**佐藤** そうすると労働者から反発が出てきます。機械がけしからんのだから機械をぶっ壊してやるという考え方はどうですか。

**鎌倉** ラッダイト運動※ですね。

**佐藤** こういった発想は時に出てくるし、それ以外の方法がないというようなところに労働者が追い詰められることってありますよね。

**鎌倉** あります。『資本論』第1巻13章に書いてあることです。一方では機械が社会主義の物質的基盤のようなことを言いながら、他方では資本主義における機械の導入は、資本が労働者を徹底的に自由に支配する

**ラッダイト運動**
〈イギリス産業革命期の機械打ちこわし運動。1811年～17年、中部・北部の手工業者たちが生活苦や失業の原因を技術革新と機械導入によるものとして起こした。運動の指導者と目されたネッド＝ラッド（Ned Ludd）にちなむ命名。〉（大辞林）

ためのものであるということを指摘しています。

　つまり、機械が労働者の技術そのものを奪うわけです。単純労働化してしまうのです。それにより、機械的な労働者は熟年労働者でなくてもいいということになる。機械が導入される出発点においては『資本論』13章に明記されているように、婦人労働、児童労働でよいということになるわけで、男子熟練労働者の首を切って婦人労働、児童労働をどんどん導入しました。安上がりの労働力だということです。資本主義における機械の導入はまさに労働の単純化、労働力の熟練を奪うことにより、機械を通して労働者に対する支配を自由に実現することになります。『資本論』に書いてありますが、労働者の労働条件を改善するための労働安全保安施設、車両の点検を含め、労働の安全を確保するための機械の導入、施設の導入、あるいは周期的な点検をできるだけカットするのが資本の機械導入の特徴です。資本主義における機械の導入により資本は利潤を拡大しますが、労働力は浪費され、濫費されるということです。つまり、人間としての能力をとことん奪われてしまうのです。

## TPP交渉とODA見直し

**鎌倉**　では、これを農業に導入したらどうなるのか。これについては『資本論』13章10節の「大工業と農業」というところで言及されています。現在のTPP（環太平洋パートナーシップ協定）への対応にもあてはまります。農業、直接には農地の所有を規制緩和し大規模経営をつくる、そのために農地を法人が自由に獲得できる方向に、日本政府はどんどん進めています。農業も資本主義的経営を目指そうというわけですが、農業における資本主義的経営が何をもたらすのかということを、マルクスは『資本論』13章10節でリアルに描き出しています。

〈資本主義的農業のすべての進歩は、労働者から掠奪する技術の進歩であるのみではなく、同時に土地から掠奪する技術の進歩でもあり、一定期間土地の豊度を高めるすべての進歩は、同時にこの豊度の永続的源泉の破壊の進歩である。〉（『資本論』岩波文庫版〔二〕534ページ）

つまり、資本主義的農業とは自然力の収奪だというわけです。資本は自然力をとことん奪うと言っている。今の状況とぴったり合っていますね。私たちはここをよく読めば、政府が現在やろうとしている農業政策への理論的な批判を確立できると思います。

もう一つ、要らない技術というか、なくさないといけない技術を、政府や大企業がいまどんどん導入し、開発し、拡大させています。原発がそうだし、兵器がそうです。安倍政権が新しい成長戦略でやろうとしているのは、ＯＤＡ（政府開発援助）を使ったインフラシステム輸出です。原発に関わる港湾施設や通信施設まですべてセットで輸出しようとしている。そうなると、そこには技術者が常駐します。輸出先に社会的な不安があり、デモなりストライキが勃発したりすると、日本人の生命が危なくなるというので、安全保障のために軍隊の出動が必要だということになるわけです。今回ＯＤＡのなかに軍事援助を入れることにした。※薬師寺泰蔵《たいぞう》慶應大学名誉教授が座長になっている「ＯＤＡ大綱見直しに関する有識者懇談会」からそういう答申が２０１４年６月に出ました。

いずれにしても、いま開発・発展させようとしている技術は人間や自然を破壊する技術です。資本は、儲けを拡大するためにそういう技術開発を、私たちの税金を使ってどんどん推進しているのです。そういう状



**薬師寺泰蔵**
**（１９４４年〜）**
政治学者。埼玉大学教授、慶應義塾大学教授を経て、慶應義塾常任理事、内閣府総合科学技術会議有識者議員などを歴任。

況に対して、私たちは批判的な観点から物申すことが必要だと思います。

**佐藤**　ＯＤＡの軍事化という指摘がありました。いま民間の警備保障会社は海外においては軍事的な活動を相当しているわけです。戦争請負会社は結構コストが高いのです。たとえば、鎌倉先生がこれからイラクとシリアに観光旅行をするというと、東京海上火災など民間の保険はほとんど使えないわけです。戦時特約を付けないといけない。そうすると、今のイラクの場合は戦時特約で、日銭で70～80万円になると思う。死亡時の保証金３０００万でも、そのぐらいの保険金が必要です。つまり、そのくらい死ぬ確率が高いという計算です。

ＯＤＡなんていうのもたいへん汚い世界で、それと軍事が結びついているのは前からの話です。もう一つ、原則として武器および武器製造技術、武器への転用可能な物品の輸出を禁じていた「武器輸出三原則」がありましたね。２０１４年4月1日にそれを見直した「防衛装備移転三原則」※は、原則がないのと同じです。何でもできるようにしたのです。

この見直しと大きく関係しているのがオーストラリアです。三菱重工業と川崎重工業が1年おきに「そうりゅう級」の潜水艦を造っている

**防衛装備移転三原則**　〈武器輸出を原則禁じた「武器輸出三原則」に代わって安倍内閣が昨年決めた方針。①紛争当事国などに該当しない②我が国の安全保障に資すると判断できる③目的外使用や第三国移転をしないと相手国が約束した場合に、武器を輸出したり、国際共同開発に参加したりできる。〉（『朝日新聞』２０１５年5月19日朝刊）

のですが、一時期、防衛予算が足りなくて造れなくなったのです。「そうりゅう級」の潜水艦がいまなぜ売れるか説明します。オーストラリアは1960年代以降、潜水艦の更新をしていないのですが、中国が空母を造るというので潜水艦を新しく買うことになった。しかし、オーストラリアは非核化政策を取っているから米国の潜水艦は買えない。米国は原潜しかつくっていないからです。そうすると、潜水艦の輸出国はオランダとドイツとスウェーデンですが、あれは戦前で言うところのロ号潜水艦かハ号潜水艦、つまり中型か小型潜水艦なので太平洋に展開できない。今、ディーゼル潜水艦で太平洋全体に展開できるのはロシアと日本しかつくっていない。ロシアから兵器を買うわけにいかないから、そうするとこれは大変なビジネスチャンスになるわけです。もっともオーストラリアの政権交代の影響もあり、潜水艦はフランスが受注していました。アベノミクスにとっては大きな打撃です。

いずれにせよ、先に潜水艦輸出ありきで武器輸出三原則が変わったのです。経済の軍事化とはこういうことです。一時、ソ連経済では軍事を第3部門という形で位置づけようとしました。消費財、生産財とがあり、生産財に似ているのだけれども消費財と一緒なのだというわけで、軍事が今後有望株ということになり、急速に経済も軍事化してくるわけです。

**鎌倉**　このように資本を主題としてとらえることにより、資本主義における技術のとらえ方が明確になると思います。いまの具体的な話は最後に現状を分析するときに戻りたいと思います。

## 擬制資本とはなにか

**鎌倉**　次にレジュメ（2）の③④について簡単にお話ししたいと思います。

資本の発展の限度についてマルクスは、第3巻の第5篇「利子生み資本」のところで展開しています。資本の発展の頂点が利子生み資本です。第24章に「資本関係の外在化」と書いてあるように、資本が最も発展すると資本自身がモノになってしまうということです。物神性という言葉を使います。資本そのものがモノになり、モノを持っているだけで利得が増える。つまり、価値が増えていくということです。これが資本の資本としての一番の頂点である。ただし、それは観念形態であり、観念としてしか成立しないと『資本論』は言っています。要するに、現実の資本としては成立しないわけです。

ここのところがきわめて面白い論理です。なぜそうなのかということについては、『資本論』を内容的に詰めていって初めて明確になるはずです。

「利子生み資本」を現実化したものが株式＝擬制資本です。擬制という関係を通さなければ現実化できないというわけです。先ほど佐藤さんが言われていたのはそこです。これが資本主義の頂点で、資本主義ではそれを超える新しい資本形態をつくることができないわけです。いま最高の高みに達しているので、やたらにさまざまな擬制資本が開発され、売買されています。こんなものはバブルをもたらし、バブルの崩壊をもたらすだけじゃないか。それがわかっていながら何度もバブルをもたらすような政策をなぜ政府は反省もせずに取っているのだろうか。結論を言いますと、資本主義体制を維持しようとすればそういう方法しかないからです。

ゼロ金利どころかマイナス金利までやろうというところまできている

わけです。その対局として人間の資本化ができるかということを『資本論』では言っています。第3巻第5篇29章「銀行資本の構成部分」(岩波文庫版〔七〕)です。株式、あるいは国債を説明しながら、人間そのものを擬制資本化できるかと言っている。

年間賃金額が1億円という人がいます。あるいは生命保険料を計算するベースとして、その人の所得がどのくらいかを出しますが、人間そのものを擬制資本化する。労働者が稼いだ賃金をある資本がつくった利子と見なす。賃金を資本還元して人間そのものを擬制資本化する。資本の観念から言うとそこまで発展するのですね。

**佐藤** ただ、本人は、死亡保険額を受領できないわけですね。

**鎌倉** そういうことです。自分を売らなければならないのですが、自分では受け取ることはできません。

**佐藤** これは怖いことですね。たとえば、中学生が交通事故で亡くなったときに、偏差値42の中学生と偏差値78の中学生では補償額が違うということです。偏差値78の中学生だったら、将来この子は難関大学の法学部に入って司法試験に合格して検察官になった可能性もある。その蓋然《がいぜん》性が高いということで、検察官の給料から算出する。または国家公務員の上級職の給与から割り出す。しかし偏差値42だったら、将来時間給で働く非正規労働者になるかもしれないという形で保険金を算出する。交通事故一つにおいても人間の価格に格差ができる。ですから、教育というものがそのままカネとつながっている。

裁判などは私も関わってから、いかにいいかげんなものかよくわかりましたが、ああいうところにおいて資本主義社会の問題はよく出てくるわけです。

**鎌倉**　人間の擬制資本化は資本化観念の狂気の沙汰です。しかし、実際には擬制資本化を現実にできない妨げがあるのです。労働者は自分自身を売るわけにいかない。売って自分がお金を獲得するわけにいきません。労働者は労働しなければ賃金は得られないのです。失業したら終わりです。こういう限界があるから、人間の擬制資本化は実現できません。この辺は面白いですね。

**佐藤**　でも最近は人間の擬制資本化を無意識のうちに実現しようとしますよね。たとえば、「国会議員で死ぬまで働け!」とか言う人がいます。

企業においても死ぬまで働く、または死ぬまで働かせるというようになっています。しかし、人間は機械ではなく人間ですから、ごく一部の人は反発する。反発しないと人として壊れてしまいます。

壊れるとはどういうことか。大量のうつ患者を出すことになるということです。しかし、うつ患者が出るというと、そこのところに製薬会社が入ってきて、うつ病に効く素晴らしい薬がありますという形で精神科医と製薬会社がそこでまたビジネスをする。ありとあらゆるところに資本の論理が入ってくるわけです。だから、これとどうやって縁切りをするかがポイントです。実は資本主義というのは、対象を知ることによってわれわれは縁の切り方を徐々に考えているということですね（笑）。

**鎌倉**　結局、資本の頂点はそこまでいくわけです。人間そのものを擬制資本として売買できるか。これはできません。それがいわば資本主義の発展の極点だということがわかると思います。『資本論』全体の論理の最終局面であるわけです。

## ドイツでの修正主義論争

**鎌倉**　④のところをお話しします。「方法模写」論という難しい言葉があります。方法を模写する理論ですが、これは宇野弘蔵が提起した方法論です。資本主義の現実、現在の理論的解明方法が資本主義という対象自体によって示されているということです。

具体的に言うと、『資本論』は１８６７年に初版が出ますが、１８７０年代を通してマルクスは『資本論』をずっと書き続けていったわけです。その『資本論』の論理を基準に19世紀末以降、具体的には１８９０年代以降の資本主義の現実をどのように解明したらいいのかという話です。

最初に、ドイツでマルクス主義の正統派と言われているカール・カウツキーと、修正主義者と言われているエドゥアルト・ベルンシュタイン※の修正主義論争が起きます。これは『資本論』を19世紀末以降の資本主義にどのように理論的に適用したらいいのかということに関する論争です。イギリスで産業資本がまず発展したので、マルクスはイギリス資本主義を基盤にして資本の論理を築いてきたのです。しかし、イギリスで

**エドゥアルト・ベルンシュタイン（１８５０年～１９３２年）**
〈ドイツの政治家。社会民主党の理論家。「社会主義の前提と社会民主主義の任務」を著し、修正主義理論を展開した。〉（大辞林）

発展した資本主義をベースにした『資本論』の論理と、19世紀末以降のドイツ資本主義の現実はずいぶん違ったのです。

簡単に言うと、たとえば中小経営は分解して、ごく一部が資本に、大多数は賃労働者になってしまう。農業でも中小経営としての農業経営が過渡形態としてはあるのですが、資本主義の発展傾向から言えば、結局、農業も資本主義的農業経営になる。ごく少数の資本家的経営者が賃金労働者として農業労働者を雇うわけです。ところが、そういう『資本論』の論理をドイツの現実に当てはめてみたときに、ドイツはまるっきり違うじゃないか、という疑問が出てきました。

ドイツでは農民は農民のままだ、分解して賃金労働者に部分的にはなっているが、ずっと農民のままである。しかも、小農保護政策さえ行なわれている。分解阻止の政策が行なわれている。そして、マルクスは中小零細企業は発展していって分解していくと言っているが、ドイツでは中小零細企業も分解していない。極めて多くの中小零細企業がそのまま維持されているじゃないか。しかも、マルクスは資本主義を発展させていくと国家の政策の介入は要らないと言っているのに、ドイツの現実を見れば国家の政策の介入がないと労働者の生存さえも維持できない。社会保険政策、今で言うところの社会保障の始まりですが、それも『資本論』にはない。そこで、ベルンシュタインはドイツの現実を『資本論』では解明できない。『資本論』に代わる新しい理論をつくらなければだめだと言った。これが修正主義です。

それに対しカウツキーは、ドイツが資本主義として発展していけば、いずれ必ず小農は分解するし、中小経営も分解していき、資本と賃労働の関係に必ず純化していくだろうと言った。今は不純だが、不純な要素はやがて資本主義が発展していくとなくなる。だから『資本論』はそのまま適用できるのだと言った。これが教条主義、公式主義です。

## 労農派と講座派の論争

**鎌倉**　こういう論争が起こったわけです。その論争を踏まえながらヒルファーディング※、レーニンの分析が出てくるのですが、少なくともレーニンは『資本論』をベースにしながら、帝国主義段階という新しい段階



**エルドルフ・ヒルファーディング（1877年〜1941年）**
〈ドイツのマルクス主義経済学者・政治家。ドイツ社会民主党の指導者。ナチス政権成立で亡命中捕らえられ、獄死。主著「金融資本論」。〉（大辞泉）

を支配している資本を明確にとらえようとしたのです。これが金融資本です。

ただ、『資本論』の論理だけでは金融資本はとらえられません。株式会社が発展し、産業企業に導入され、多くの産業企業が株式会社になる。そして、銀行は単にお金を融資するという貸付だけではなくなり、株式を引き受け大株主になる。そういう銀行と産業の独占体の癒着、こういう新しい資本主義の基盤を金融資本という新しい資本形態を基軸にしながら明確にしていかなければいけないのだと言ったのがレーニンです。

つまり、これは資本主義の最高で最後の段階としての帝国主義段階です。レーニンはなお金融資本も、『資本論』の論理の延長で説けるように考えていましたが、基本的には段階論を築いたと言っていいと思います。だから、『資本論』をベースにして19世紀末以降の時代の現状を解明していくためには、その段階論を規定することが必要で、支配的資本を基軸にして解明する必要があるのではないかと提起したのです。宇野弘蔵の段階論はこれを基盤にしています。

日本でもこれと同じような論争が起きています。これがいわゆる講座※

派と労農派の論争です。労農派は社会党左派系の理論です。向坂逸郎、大内兵衛とかが代表者です。山川均がもともとの基盤を築いたのですが、『労農』という雑誌を出して日本資本主義の分析をやっていました。それに対し岩波書店で『日本資本主義発達史講座』を刊行したのが共産党系の理論家たちで、これを講座派と言います。

この論争はかなり深刻で、重要な論争だったと思います。宇野は基本的な立場からいうとどちらでもないのですが、日本の資本主義の出発点が明治維新だという点では労農派だと思います。労農派は日本の資本主義の出発点として明治維新を位置づけています。

日本の資本主義は非常に日本的な特殊性を持っているのです。向坂の考えから言うと、カウツキーに相当類似した方法を持っていたと思います。発展していくと、日本も『資本論』の姿になっていくのではないかという考え方が基本的にはあったと思います。明治から始まった日本資本主義が、いろいろ日本的特殊性はあるが、資本主義が発展していくことにより、『資本論』が描いた姿になっていくのではないかというとらえかたがありました。



**講座派と労農派**
労農派は1927年に創刊された雑誌『労農』で論陣を張った思想と運動。コミンテルン（第3インターナショナル）の指導を受け入れる日本共産党（当時）と決別。日本共産党系の講座派と、日本資本主義の性格などを巡って激しく論争した。51年に結成された社会主義協会は、労農派を継承する団体。山川均が創設時からその中心となり、山川均逝去後は向坂逸郎が指導的役割をはたした。

宇野は、明治維新は日本における資本主義、ブルジョワ革命の出発点であり、資本主義はそこから出発したととらえています。これは労農派とも共通していますが、日本資本主義の分析をすると、遅れてスタートした日本は世界の資本主義に対しかなり後れをとった。日本資本主義の出発点だった明治維新が起こるのが1868年ですが、ちょうどそのころは世界全体が自由主義の段階から帝国主義段階に移行する過程でした。そこでようやく資本主義化し始めるわけで、後れた資本主義だったのです。

## コミンテルンの「32年テーゼ」

**鎌倉**　富岡製糸場が2014年に世界遺産になり、万々歳をやっています。官営富岡製糸から始まり、その後に片倉製糸が乗っ取った。『女工哀史』※で描かれた悲劇の張本人が片倉製糸なのです。そういう状況でした。日本は世界の資本主義の発展の中で非常に特殊であった。つまり、国家が主導していかないと資本主義の発展はあり得なかった。

**『女工哀史』**〈記録文学。細井和喜蔵著。1925年（大正14）刊。紡績工場の女子労働者の悲惨な姿を、多くの資料と著者自身や妻などの体験を交じえ、人道主義の立場から詳細に描く。〉（大辞林）

それだけではなく、日本の農業は分解はしてきていたが、大地主が寄生地主という形で支配してきて、農業が十分分解していないために、イギリスの場合には多くの農民が賃金労働者として都市の工業地域に吸収されていくのですが、日本の場合は農村にとどまらざるを得なかった。農業者は地主から借地をするとものすごく高い借地料を取られた。計算によると、江戸時代の封建社会よりも高い地代を、収穫した農作物から取られてしまう。封建関係がずっと維持されているのではないかととらえたのが講座派です。明治維新は決してブルジョワ革命ではなかった。そこから資本主義がスタートしたとはとても言えないと言っています。講座派でも違った考えを持っている人はいたのですが、大体がそういうとらえ方でした。

**佐藤**　講座派について補足します。確かに理論的な側面から見ると講座派はそのように説明できると思うのですが、あともう一つ非常に大きかったのは1932年にコミンテルン※が出した「32年テーゼ※」ですね。あれは講座派が始まった直後ぐらいに出るのですね。この「32年テーゼ」が出ることにより、「32年テーゼ」を正解であるとし、その正解に合わ



**コミンテルン**
〈共産主義インターナショナル Communist International の略称。第3インターナショナル、第3インターとも呼ばれる。1919年3月にモスクワに創設され43年5月まで存続した各国共産主義政党の国際統一組織。〉（ブリタニカ国際大百科事典 小項目事典デジタル版）

**32年テーゼ**
〈1932年（昭和7）コミンテルンが作成した、日本共産党に対する指示書の通称。天皇制打倒・寄生地主制廃止などを当面の任務とし、ブルジョア民主主義革命から社会主義革命への転化を指示。〉（大辞林）

せて論理を押し込んでくるようになりました。それが講座派が強くなった要因ですし、科学ではなく宗教的な色彩も強くしていったと思います。

**鎌倉**　そうですね。コミンテルンテーゼ、「32年テーゼ」は非常に重要です。明治維新をブルジョワ革命としてきちんととらえていなかった。天皇制、絶対王政というとらえ方ですよね。

**佐藤**　ですから、右翼に強い影響を与えたわけです。天皇制という言葉は外来種なんですよね。本来、右翼にとって天皇制擁護という主張はあり得ないわけです。制度は改変可能ですから。それが、「32年テーゼ」に日本の体制がある意味でだんだん似てくるわけです。共産党も「32年テーゼ」の研究を継続しています。この「32年テーゼ」問題は無視できない、非常に大きい問題だったですね。

**鎌倉**　宇野弘蔵は、「32年テーゼ」を踏まえ、そしてドイツでの修正主義論争を踏まえ、現状分析を方法として確立しなければならないとしました。原論、『資本論』をそのまま適用するということでは日本の資本主義の特殊性をとらえることはできない。カウツキーのような、発展すれば『資本論』の姿になるというとらえ方では日本の特殊性は把握できないということです。

## 宇野弘蔵の三段階論

**鎌倉**　では、日本の資本主義の特徴をどうとらえるか。日本資本主義の出発点は世界的な発展段階から見るとどういう段階だったのか。そういう段階の資本主義に規定されながら、そして世界の資本主義をリードした国の影響を受けながら資本主義化していくわけです。それに伴う日本の資本主義としての特殊な性格を分析していくためには、段階論を踏まえた現状分析という方法が必要なのだと、宇野弘蔵は言ったのです。

『資本論』は原論です。資本主義の原理をとらえたのが『資本論』であり、帝国主義という段階の特徴点をとらえる段階論、そういう段階を動かしている資本に影響を受けながら資本主義化を進めていった日本の分析は現状分析という、この三段階論という方法を宇野弘蔵が確立したということです。この点も正確にとらえなければならないと思うのですが、それを「方法模写」と言ったのです。つまり、資本主義の現実の歴史そのものが資本主義分析の方法を示していると言ったわけです。

資本主義を解明した『資本論』は資本主義の原理を明らかにしている。そして、資本主義が発展していけばいくほど、どんな資本主義でもその原理がさらに純化して表れていくようになるのではないかと従来はとらえられていました。ところが、資本主義の原理が現実に純化して示される時期は歴史的限界がある。19世紀末以降、純化の傾向が転換してしまうからです。これが面白い。資本が最高の発展形態を示していく、それが現実化していくことになると、資本主義の純化が行き止まりになってしまう。それを資本主義の現実そのものが示している。

資本主義の現実が示した方法、つまり原論と段階論とはきちっと区別してとらえなければいけない。これを難しい表現で「方法模写」説ととらえました。模写とは写して描くということですから、対象に方法論が既に現出していて、それを模写すればいいのだということで、対象の模写論と方法の模写論と区別しないで使っている宇野派の人たちが多いのですが、方法模写とは、どのように現実を解明していかなければならないかという方法を示している。それに即して資本主義の現実をとらえようとした方法だということです。今日の講義は、方法模写の説明で終わりにします。

**佐藤**　対象の内在的な論理をつかまえるのだという私の手法は、宇野さんの「方法模写」説からヒントを得たわけです。対象となっているものにはそれに内在するロジックが必ずあるのです。それが分析できないということはどこか切り口がおかしい。まずはデータが不正確か、不完全かなのです。データが正確で完全に近い。基本的に間違えてなくてそこで読めないのだったら、対象の論理に即していない形で読み解いているからです。それを対象模写説的な読み方をしていると、資本主義がいいとか悪いとかいうことでなく、資本主義とはこういう構造になっているということがわかる。そうすると、その後ではどうするかという判断ができるわけです。

これはこの先につながっていると思うのです。鎌倉さんのカント的なものの考え方と実はつながってくるのではないかと思います。

## 社会の変革にはなにが必要か

**鎌倉**　では質疑応答に移りましょう。

**受講者**　私は宇野さんと梅本克己※さんの対談したものを印象深く覚えています。宇野さんは『資本論』は経済原論として純化できていないとおっしゃっており、梅本さんは経済の原理だけでは社会は分析できないという考えで、何とかそこで新しいものを引き出そうという形で梅本さんと宇野さんが対談されたと思います。

しかし、結果的には宇野さんのガードが非常に固く、梅本さんが何とか切り込もうとするけれど切り込めない。私は『思想』に掲載された対談を非常に歯がゆく思いながら、宇野さんはわかったように思っていながら頭の固い人だなと思いながら読んだ覚えがありますが、先生は梅本さんと宇野さんの対談をどのように評価され、どのように考えておられますか。

**鎌倉**　資本主義経済が発展していくと、そのなかに変革の芽が出てくるというか、その基盤が出てくるととらえる。だから、梅本さんは、資本

**梅本克己**
**（1912年～74年）**
昭和時代の哲学者。〈戦後マルクス主義を指向し、主体性論争を展開した。のち立命館大教授となるが、病気のため退職。以後、哲学研究と著述に専念した。〉（デジタル版日本人名大辞典 +Plus）

主義の歴史的発展によって資本主義は変革されるという考え方をどうしても示したかったと思います。しかし、それは基本的に無理なのです。主体の転換が必要なのです。資本が主人公になり、動いている社会を変革するためには、何か生産力が発展していけば自動的に変革できるということではなく、労働者、つまり社会の本当の主人公が主人公としての自覚を持ち、変革しなければならないという実践行動を通さなければ資本主義は変革できない。こういう主体の実践意識と実践を宇野は明らかにしようとしたのです。

　ですから、経済法則を展開していけば、それを踏まえて社会主義が達成できるということにはならない。法則の廃棄。法則を廃棄しなければならない。法則を引き起こす原因そのものをなくすということです。

**佐藤**　僕はちょっと別の見方をしたのです。梅本克己さんと宇野弘蔵さんの論争、あの弁証法論争は、宇野弘蔵は明らかに※武市《たけち》健人《たてひと》の論理を借りています。ヘーゲル論理学の世界の論理学の考え方のところから出てきているので、最初からかみ合わない方法論でやっていると思います。宇野にはかみ合わせるつもりはないのです。だから、むしろ僕は、哲学



**武市健人**
**（1901年〜1986年）**
哲学者。東北大学文学博士。〈武市は、マルクスの『資本論』の構成からヘーゲルの『大論理学』を再構成しようとし、また、宇野弘蔵の経済哲学と武市のヘーゲル弁証法理解には親和性があります。／戦時中、マルクスについて一言も言及できないような状況で、武市は、ヘーゲル、西田幾多郎について解釈することで、それがマルクスと同じことを別の言葉で表現しようとしました。〉（「フォーラム神保町」第4回　佐藤優の短期集中ゼミの案内文、魚住昭責任総編集ウェブマガジン「魚の目」より）

的なところで宇野弘蔵はなんで武市健人ときちんとした形での議論を最後までしなかったのかなというのが非常に不思議に思います。

梅本克己の理論は黒田寛一につながるわけです。そちらの流れの議論です。最近になり、黒田寛一と宇野弘蔵の書簡がこぶし書房から一部出ましたよね。あれを見てみると、その辺の戦後主体性論を踏まえたところでも、一連の流れの人たちとはあの位相ではあまり対話をしないということを宇野さんが決めていたのではないかという感じがします。

それをもう少し深読みしますと、宇野さんは非常にアナーキスティックなところがあると思います。運動に対してはものすごく厳しくて、運動をやる以上は捕まって爪ぐらいはがされる。逆さづりにされ、水をぶっかけられて千枚通しぐらいは通されるだろう。それに自分は耐える自信はないし、私は比較的おしゃべりだしと言っています。それから、かつて逮捕されたときも、タバコが欲しくて「自供」してしまった。そういったことを考えた場合、実践のほうに深く入って思い詰めている人たちから見ると、彼は体をかわすという癖があります。

ですから、おっしゃるように、鎧《よろい》がものすごくかかっている対談は面白くないのです。他方、相手が匿名の弟子たちの『資本論五十年』や『資本論研究』になると縦横無尽に議論をしています。ですから、質問者はものすごくいいところに気づかれたと思います。

宇野さんには鎧がありますね。梅本さんとの対談のときにはその鎧がものすごく出た感じがします。ですから、すごくつまらない対談でした(笑)。

**鎌倉** 『「資本論」を超える資本論』の237ページ以降、「現状分析と変革実践」の1というところで中村健三が論文を書いています。今日来ていますから、ちょっと話してもらいます。

**中村** 梅本克己さんの主張にはいろいろな理解の仕方はあるのでしょうが、宇野さんからすると原理論を否定する根拠自身が原理にあるということには、科学者的な考え方からして到底耐えられなかったわけでしょう。それはまさに原理ということの性格の否定になるということだったのだろうと思います。もう少し具体的に言うと、賃労働関係を離脱することも賃金労働自身から説明するという言い方になるわけですが、それもちょっと形容矛盾のようなもので、とても耐えられないものだということになるのだろうと思います。

## 社会主義で階級はなくなるか

**受講者**　この講座では『資本論』に原理的な階級論があるということを根本的なこととして提起されたと思います。ただ、かつての社会主義国は、社会主義化によってもう階級がなくなったと必ず言っていたわけです。ある時期私が読んだのは「無葛藤社会」、葛藤が既にない社会だということだったのです。そうすると、社会主義自身が、あるいはそういう政治家が、階級がもうなくなったのだと言うのと、階級が本当になくなったかはまるで別問題だということになる。そうなると、階級が存在している限りでは社会主義ではないと逆に考えたほうが、イデオロギー的な意味での社会主義の言葉よりもいいと思うのですが、どうでしょうか。

**鎌倉**　難しいですね。社会主義は、階級というよりも階層の対立があるというとらえ方をやっていた。農業は、協同組合農場が社会主義ではだいたい基本です。そうすると、そこの農民の社会的位置をどうとらえるかということですね。賃金労働者が工場の主人公になるから、工場のほうは労働者階級が主体的に支配する。農民は協同組合農場ということから労働条件も生活水準も違う。それを農民も労働者として労働条件も一致していかないと、社会主義は共産主義にならない。社会主義を超えて共産主義を展望するというとらえ方だったと思います。僕はそういう社会主義、共産主義の考え方をもう一回全部、点検というか、反省し直す必要があるのではないかと思っています。

今日は一般論を言ったので、無階級という意味よりも、むしろ積極的な意味として言ったわけです。階級・階層をどのようにとらえたらいいかという問題はあるけれども、基本的に社会を維持・発展させるのに必要不可欠な仕事の担い手、それが社会の主人公、主体になるということです。非常に抽象的、一般的な言い方ですが、その場合に仕事の内容として管理をする仕事、オーケストラの指揮者のような仕事、指揮機能はありますし、生産的労働だけではないわけです。従来の社会主義は生産的労働が基本になっている。工業労働が基本になっているというとらえかたがあったと思うのだけれど、そうではないと思います。社会の分業関係が発展していき、医者とか、教師とか、さまざまな技術開発を行なっている人とか、そういう人たちも含め、社会の主人公、社会の生存・発展の担い手が、主体性を確立すると一般論的にはとらえています。それが社会主義です。

階級論から言うと、社会主義では階級がないと言っていい。つまり階級関係があるというのは社会の現実の担い手、実体の担い手に関係ない者が支配階級、支配の主体である限りにおいて階級的支配が必要不可欠になるから階級社会になる。

**佐藤**　そうすると、社会主義は官僚制度を生みますね。

**鎌倉**　そういうことですね。官僚というのが、いま言った独自の社会階層という形で形成されるかもしれないけれど。社会主義における官僚制度の問題は、『資本論』で言うと第3巻5篇23章「利子と企業者利得」で示唆されています。

マルクスが企業者利得論で言っているのは監督労働です。監督労働とは、支配階級としての資本家が被支配階級としての労働者を管理し、監督し、搾取することだと言っています。この監督労働とシステム全体を調整する機能、オーケストラの指揮・調整機能と同じようなもの、それが資本主義の場合には一体になって形成されているが、内容的には違うのです。分業全体の調整機能がいわゆる指揮機能に当たる。組織化機能と言っていいと思います。国家的な関係から言えば国家がどう組織されるかの問題です。官僚という一定の機構が形成されることもある。そのときに、誰が主体となり、その機構を動かしているのかという問題が重要になってくるのではないかと思います。

**佐藤** 私がソビエトに留学したのは１９８７年です。当時、モスクワ国立大学に編入するときには階級ではなく社会的帰属を書く欄があり、社会的帰属のところに何と書けばいいのだろうと聞いたら、ソ連の場合、社会的帰属は四つだと言う。ラボーチー（労働者）、クレスチャーニン（農民）、スルージャシー（ホワイトカラー）、インテリゲンツィアだというわけです。そして、インテリゲンツィアというところに印を付けると入試が難しくなるのです（笑）。スルージャシーが次に難しく、ラボーチーが一番簡単です。そこで、大学入試に自信がない人は高校を卒業したら工場に入り、2年ぐらい働き、労働者枠で入ると入りやすい。モスクワ国立大学の場合も入学枠が違うのです。

一番大変なのは、当時は国内パスポートの第5列目に民族が入るのですが、ユダヤ人と書いてある人たちです。ユダヤ人は入学定員の2％以内に抑えないといけないということになっているので、ユダヤ人問題という特別の難しい問題が出てくるわけです。だから、逆にユダヤ人だということを公称して合格するのは相当成績がいいということです。ですから、ソビエトの中は階級が廃絶された後、いろいろ複雑な階層が出てきていました。

## 旧ソ連社会で実現できていたこと

**佐藤**　旧ソ連で労働の商品化が廃絶されたのは間違いないと思います。旧ソ連社会は、全員が何らかの強制労働に就かされていたというシステムですから（笑）、労働力商品はなかったと思います。それから、貨幣の議論も全く違っていて、ソ連に3カ月いると、日本の子どもたちは小遣いを欲しがらなくなります。金で買えるもので欲しいものは何もないですから。そういう意味で、貨幣に対する感覚などは全然違います。

私にはいまだにソ連時代の悪影響があります。パクら（逮捕さ）れて東京拘置所にいるとき、私にはこのボールペンしか筆記用具がなかったのです。このボールペンを２００本以上持っているのですが、使いやすいので酔っ払うと何十本か買っています。ノートも家に１００冊ぐらいあります。

どういうことか。ソビエト時代にノートを売っている日は1年に1日か2日ぐらいしかないのです。ノートが売られるという情報が2週間ぐらい前に入るから、朝の6時から並ぶ。ノートは1人5冊しか買えないけど、朝6時から並ぶと買った後でもう一度並べるから10冊買える。トイレットペーパーも年に2回しか出ません。そういう経験を「二度目の青春」でやっているから、そういう変なものを買いだめてしまうという傾向があります。私の場合はソビエト社会主義の最後の段階を皮膚感覚で知っていますからね（笑）。

ただ、一つだけ、ソ連では社会主義の理想が実現されていたのです。

労働時間の短縮です。朝9時から勤務というのは、9時に家を出ることです。10時ぐらいに会社に着き、その後ゆっくりと着替えをし、お茶を飲み、11時ぐらいから働き始める。それで12時半から休憩だから、めしをゆっくり1時間かけて食べ、買い物に行って3時ぐらいに戻ってくる。その後、5時に会社が終わるということは、5時には誰一人いなくなっているということです。だから、4時ぐらいにみんな業務を終了する。労働時間の短縮という社会主義の理想だけは確実に実現されていました（笑）。

それと、交通事故があるとみんな我先に駆け足で見に行きます。どうしてかというと、交通事故の証人になると、3日間有休が取れるのです（笑）。その意味においては、そんなに人が言うほど悪い社会ではなかった。自由な時間は結構あり、みんな面白おかしく生活していたわけです。

インテリはどうしているかというと、5カ年計画といって1年に1本、企業論文を書かなければいけない。例えば「消防署における党組織の意義について」とか、こういう論文を書く。それだけ書けばノルマ達成ですから、あとは1日2時間ぐらい働き、あと週末は友達と会ってカンカンガクガク議論をして反体制文書をつくるわけです。タイプライターでカーボン紙を入れて20部つくるまでだったら捕まらない。ちゃんとKGB（ソ連国家保安委員会）の内規があり、捕まらないことになっている。みんなそれをよく知っている。それでガス抜きをして結構みんな楽しく生活しているので、ソ連のような社会主義国もそう悪くはないと思いました（笑）。

その伝統は今でも残っていて、ロシア人は2カ月休みますし、金持ちを尊敬しないですからね。余談になりますが、全部国有財産だったから、まさに生産手段に私有はないということだった。その後、民営化でみんなに分けると言ったから、国有財産の分捕り合戦になりました。友人関係もひどくなりました。もしこの友人が死んで5億円が自分に入るとなると、平気で殺すんですよ（笑）。結局最後まで生き残ったやつを何人か知っています。相当殺さないと生き残っていないし、ちょっと運が違ったら殺される。だから、その殺し合いから下りてしまう人が結構いました。

ロシア社会はいまだに助け合いの伝統があるから、あまりあくせく働かないですよね。あの社会主義体制はそれなりに面白かったです。ただ、いろいろ問題もありましたけどね。そして現在のロシアにも社会主義時代の助け合いの伝統が機能しています。

## 章末付録

第2回講義のレジュメ

宇野はいかに『資本論』を超えたか

1　唯物史観から『資本論』へ――歴史観から科学へ

（1）唯物史観のとらえ方と問題点

①人類史の発展を、人間社会の成立・発展根拠（土台）としての物質的生活の生産関係・生産力に基づいてとらえる歴史観

・下部構造（土台）と上部構造（法・政治・イデオロギー）の関係。前者の規定的作用の強調→後者の作用は。

②生産力の発展と生産関係――照応・矛盾・変化発展

・生産力発展の担い手（現実の主体）は。その目的（規定的動力）は。（労働者人民、支配階級？）

③特定の生産関係が生産力発展の桎梏となる。

・生産力の状況が生産関係を規定しうるのか。

・どこまで生産力が発展すると、生産関係が桎梏となるのか。

・生産関係による生産力の規制作用は。

（2）唯物史観の資本主義への適用（マルクスの経済学研究の出発点）

①人類史の一特殊的生産様式としての資本主義――「人間社会の前史」のおわり。

・なぜそういえるのか――社会的生活諸条件に対する生産関係の敵対の「最後」のもの。敵対関係解決のための物質的諸条件の形成。――その内容は。階級社会の最後。

②マルクス自身の説明（第1巻第24章第7節）

・資本主義的生産関係（所有関係）の下での生産力の発展――「労働の社会化」、しかし資本家的所有（私的所有）との矛盾・対立→社会的所有へ、過渡形態としての株式会社。

③エンゲルス――クルト・ツィーシャング流の解釈――個人的所有→株式会社＝共同所有→国有→社会主義的所有へ

・しのびよる社会主義。社会的実体の担い手による主体的組織的実践の意義が不明確に。

2　『資本論』の論理の純化・確立――宇野経済学の意義

（1）資本主義経済の確立が経済学を成立させたこと――対象としての資本主義経済

①経済の自立――〃法治〃の意味

・国家の規制作用の消極化→しかし国家をなくせない。（第Ⅲ期講座で）

②経済法則の成立――自主的・意識的行動による社会・経済関係規制の不可能、客観的法則に強制される。

・〃神の摂理〃の理論的解明の要請――〃自由〃を求めて。

（2）科学＝客観的論理としての『資本論』

①対象――資本を現実の主体とする商品経済関係

・資本を主体（主語）とする論理。

・労働者・人民が、資本主義を批判しその支配を転換させる観点によるものではない。「敵」を知ること。
②対象に即した対象の論理（具体的には第Ⅲ期講座で）
・対象に即する、ということ。商品・貨幣のとらえ方。資本は貨幣の特殊な使用方法。
・流通運動としての資本――個・弱肉強食、社会性をもたない利己的利潤追求。
・その社会的成立――本源的蓄積、労働者に対する暴力的土地・生産手段収奪・無産者化――労働力の商品化によること。
・資本による生産力発展の目的、その歪み。
③資本の発展の限度――発展極限としての「株式資本」＝擬制資本。そしてその対極としての労働力（労働）の物化。論理の完結性。
④「方法模写」論――資本主義の「現実」（現状）の理論的解明方法が、資本主義経済という対象自体によって示されていること。
・カウツキー・ベルンシュタインの修正主義論争、講座派・労農派の日本資本主義論争をふまえて。
・資本主義経済の純化の歴史的限界――原理論形成の歴史的根拠
・段階論（国家の政策的作用）の位置づけ。修正主義・教条主義の克服。

第3章

# 『資本論』のエッセンスを知る

# ピケティをどう見るか

**佐藤**　今回は相当盛りだくさんです。鎌倉先生のお話をメインにして、いけるところまでいきたいと思います。

まず、私から一言言っておきますが、ピケティ※（主著『21世紀の資本』［邦訳・みすず書房］）は駄目ですからね。2015年に、左派、それから市民派のほうで大変なピケティ・ブームになりましたが、結局、ピケティは分配問題のところで間違っています。分配率がどんどん下がっているから資本主義は限界に来ていると言っているのです。これはまさにスターリン主義です。

ピケティは二重の意味で駄目です。一つは生産力史観に立っていること、もう一つは労働力商品化がわかっていないことです。マルクスの『資本論』をまったくわかっていないのに、『21世紀の資本』なんていうタイトルをつけているわけです。

賃金の問題をピケティは分配論のところで扱っていますね。これは『資本論』を少し読んでいる人間だったら論外の発想です。生産論のところ

**トマ・ピケティ（1971年～）**
フランスの経済学者。パリ経済学校教授。〈2013年刊行の「21世紀の資本」で、20か国以上の過去3世紀にわたる税務データを収集・分析し、経済格差の拡大とその問題点を指摘。世界規模での富の再分配を提唱して国際的なベストセラーとなった。〉（デジタル大辞泉）

で賃金論をやらないといけないわけです。

ピケティのように、現象面のところでの格差の拡大を直線的に革命につなげていく、スターリン主義の亡霊のようなものが入れ代わり立ち代わり出てくると私は思っています。いずれにせよ、リベラルだという方向で出ているもの、あるいは革命的だという方向で出ているものが、本当に革命的なのか、それとも単にかつてのスターリン主義の焼き直しにすぎないのか、よく考える必要があります。その考察が不十分なことを、ピケティ現象は物語っていると思います。

ただ同時に、ピケティのものがこれだけ国際的に売れたことの意味を考えなければなりません。特に英訳されてからはキンドルの売り上げトップでした。ハーバード大学でもマサチューセッツ工科大学の本屋でも山積みにしてあり、ピケティを読んでないとインテリではないというような感じにいまではなっています。

これは、マルクスが英語圏で忘れ去られているからです。だから、わたしたちは、ストレートにマルクスの『資本論』を読んでいくところから、資本主義の内在論理を分析していくことが重要だと思います。

**鎌倉**　この講座は、宇野経済学を通して『資本論』を21世紀にどう生かすかが全体のテーマです。２０１７年は『資本論』第1巻刊行１５０年にあたりますので、これは重要なテーマだと思います。今まで唯物史観の方法と、『資本論』の資本主義の客観的で論理的解明、その方法がどのように違うのかという点に焦点を当ててきました。今日は『資本論』の中身に相当踏み込まないと明確にならないと思う内容ですので、宇野経済学、宇野「経済原論」が『資本論』をどのように読み替え、組み替えているかということをお話ししたいと思います。

かなり重要な組み替えを宇野先生はやっています。それは、これまでの2回で話をしてきた唯物史観の論理・方法ではなく、資本の論理を明確にする、その点から決定的に組み替えを行なったのだととらえていま す。この中身を明確に理解するには、宇野「原論」と『資本論』の両方の中身をしっかりととらえていないとわからないと思うのですが、今回は総論なので、細かな中身にはあまり入らずに、宇野経済学の内容をとらえる基礎的な前提を中心に、話していきたいと考えています。

宇野が『資本論』の論理を純化・発展させたということの内容を明ら

かにすることが今回の主題です。資本主義を構成する諸要因の概念規定の純化―流通における形態概念と、社会存立の根拠＝実体における概念が、『資本論』ではなお明確に純化されていなかった。商品価値・貨幣・資本を流通形態と規定しながら、それを「労働」という実体を根拠に規定しようとしたために、形態規定の中に実体規定が付着してしまった。それはまた本来の実体概念を、実体としてとらえることを制約してしまった（例えば、「労働の二重性」について）。宇野「経済原論」はこれを純化させたのです。

## 労働をどうとらえるか

**鎌倉**　1.『資本論』第1巻第1～第4章。これは第1巻「資本の生産過程」の中に位置づけられています。

資本の生産過程（『資本論』第1巻）のなかに、マルクスは商品、貨幣、貨幣の資本への転化、つまり資本の本質的な規定を置いているのです。宇野は『資本論』の第1巻第1章（商品）から第4章（貨幣の資本への転化）までを独立させ、「生産論」ではなく、「流通論」として規定しました。課題は「資本とは何か」を明らかにすることです。

流通論を独立させたことにより、どういう点が明らかになったのか。『資本論』で必ずしも明確になっていない非常に重要な概念、あるいは内容が示されます。特に、ここでは「労働の二重性」について中心的に話したいと思います。

これは第1章の第2節「商品に表わされた労働の二重性」に関連します。また、第1巻第5章「労働過程と価値増殖過程」の説明にも関わってきます。「労働をどうとらえるか」という根本問題が今日の第一主題になります。

## 「資本の流通過程」を「生産論」に

**鎌倉**　2.『資本論』第2巻は「資本の流通過程」です。

流通過程とは何か。商品流通の過程、図式化するとW—G—W。商品を売って貨幣に換え、その貨幣で商品を買うということ。これが固有の流通過程です。資本の流通過程も資本の生産過程が終わり、剰余価値を含む商品が生産過程によってつくられた。

次に、この剰余価値を含む商品が貨幣に転化しなければなりません。W'―G'。剰余価値の実現です。剰余価値は生産されたけど実現されないことがあります。それは実現されなければならないということで、その過程を『資本論』第2巻で扱う。マルクス自身も当初はそういう考え方を示していました。特に、『経済学批判要綱』(1857～58年の草稿)などではそういう理解がありました。このような理解は第2巻ノート(これは1864～65年に書かれました)にもまだあったのです。

ところが、1864～65年以降マルクスが『資本論』第2巻を書き進めていく過程でこの考えはなくなってきます。資本の流通過程の主題は、W'―G'ではなく、生産過程を含む産業資本の循環・回転になってくる。生産過程を含む資本の循環過程、資本の回転を構成する生産期間、流通期間の問題が主題になってくるのです。

これを宇野は、「資本の流通過程」という言葉は使いながら、第2篇の生産論の中に入れたのです。これはすごいことです。「資本の流通過程」

としてマルクスが展開している内容、資本の循環と回転を、生産論の第2章に入れたのです。この意味をはっきりさせると資本主義の特徴点がくっきり浮かび上がってきます。すごく重要です。今日の課題の第二のポイントです。

## 利潤論と土地所有論

**鎌倉**　3．『資本論』第3巻は「資本主義的生産の総過程」（マルクスの草稿では「総過程の諸姿態」となっていました）です。

「総過程」とは何か。資本主義的生産の総過程というわけで、これについても第3巻の序文的な部分を確認してほしいのですが、まず第1巻で資本の生産過程を明らかにし、第2巻で資本の流通過程を明らかにした。だから、資本の運動とは生産・流通、それを統一して再生産の運動だというわけです。しかし、この話は1巻、2巻ですでに解かれた。特に、2巻の第3篇で「社会的総資本の再生産と流通」を説いています。そこで序文では、この話を繰り返しやるのではないことを明確にするために、全体として見られた資本の運動過程から生ずる具体的諸形態を発見し、説明することだとしているのです。

内容を見ると第一に利潤論です。利潤論の中は産業資本の利潤と商業資本の利潤が含まれています。そして、第二が利子です。貸付資本――利子、利子生み資本であり、最後が地代です。土地所有に対し地代が支払われる。それを総括して「諸階級」で全体を閉じているのです。

中身を考えてみると、生産過程を通して生産された剰余価値が資本家の仲間である産業資本や商業資本、銀行資本に分配される関係にある。そして土地を使うのですが、土地は資本によって生産できないから労働生産物ではありません。しかし、土地は生産手段として絶対に使わざるを得ない。土地、水、森林、鉱山、すべてを含めて自然物であり、それを資本は使わなければならないわけで、そこからどういう問題が生じるのかということです。簡単に言うと、土地所有者階級が必ず形成されるということです。

資本家は土地を所有しません。土地に投資をして自分の所有にすれば、資本家は同時に地主になるわけです。ところが、資本主義の資本の合理的な運動の本質から言うと、土地は所有しないで借りたほうがいいということになる。なぜそういう理屈になるのか。日本は明治維新を通して資本主義が発展していきますが、ほとんどの大企業は大地主だった。ところが1990年代、大きな不況が続く中で企業が土地をどんどん手放していくようになる。イギリスなどは典型的に資本家階級は地主階級にはならないで、別の階級になっています。それを理論的にどうとらえるかという問題です。これを宇野「原論」は第3巻の中心課題にしたと言っていいと思います。

だから第3巻の中心課題は土地所有論です。もっと言うと土地所有者階級の形成の根拠を明らかにしています。『資本論』はまだそういう論理には行きついていなかったのですが、宇野弘蔵は『資本論』を組み替え、決定的に重要な『資本論』第3巻のポイントとして土地所有者階級の形成をつかんだと私はとらえています。そうなると最後の「階級」というところが生きてくるのです。資本家・賃労働者・土地所有者の三大階級ですが、最後の3巻の52章を見ると、まだ完成していないと思います。最後のまとめの章なのに「なぜ階級なのか？」という問いで終わっている。疑問符で終わっているわけで、その後、何が続くかというと、エンゲルスは階級闘争論が続き、それを通して資本主義の没落の必然性に続くのではないかという理解をしています。しかし、『資本論』は階級論で完結していています。『資本論』の論理が完結したことを明確にしたのは宇野「原論」です。

そういうことで、宇野『経済原論』の特徴点を大きく3点、えぐり出してみました。

**佐藤**　すごく重要なのは、鎌倉先生が『資本論』体系は三大階級論で閉じていると指摘したことです。実は、鎌倉経済学は三大階級にならないで、二大階級になっているのです。これは宇野「原論」をさらに進めていくところがあるわけです。三大階級か二大階級かはいったん脇に置いておいて議論を進めますが、「閉じている」ということは、裏返すと対象としてわれわれは体系知、科学的、実証的に資本主義を認識することができるというわけです。

そうすると、逆に大きな意味で言うと、私の理解では資本主義は不滅ではないのです。資本主義を超えることがそこから可能になってくる。

それは対象を認識するからで、だから資本主義は閉じているということは、ここから接続するのは革命論だと私は思うのですが、この考え方は間違った理解でしょうか。いかがですか。

**鎌倉**　その通りだといえます。資本の論理の発展は完結してしまう。しかしその完結の中で資本が主体である限り、繰り返し再生産される。この社会を変えるには、主体の転換――これが革命です――が不可欠なのだ、ということです。なお、私としては階級は現実資本の領域では三階級ととらえていますが、所得としては二元論になる、と考えています。擬制資本の成立をとらえると、資本家も土地所有者も、擬制資本所有者となるからです。しかし、その利得の根拠は、「労働」にしかありませんので、「労働」所得をなくせません。最後に、その問題に戻りましょう。

## 流通形態が資本主義を動かす

**鎌倉**　そこで、第一の課題から内容に入ってゆきたいと思います。宇野経済学は、『資本論』第１巻の１～４章を流通論にしました。この部分の内容を確認しておきたいと思います。

『資本論』を叙述する前、『経済学批判要綱』、1857〜58年の7冊ノートですが、その出発点は労働・生産でした。労働・生産を出発点に置き、それが発展――労働生産性が発展していくと、商品交換が始まる。商品交換の発展から貨幣が形成される。こういうとらえかたがあったのですが、それは具体的に叙述されてはいませんでした。

『資本論』の第1巻が構成されるようになってからも、第1章の「商品」、第2章の「交換過程」を経て、第3章の「貨幣または商品流通」、第4章の「貨幣の資本への転化」と展開されるのですが、マルクスはこれを第1巻「資本の生産過程」のなかに入れているのです。マルクスは資本の生産過程の中に構成しようというとらえかたから、なお脱却していなかったと思います。それを宇野「原論」は「流通論」としてひとまとめにしたのです。資本の生産過程の序論的部分ではなく、独立の篇として構成したわけです。

ところで、『資本論』をそういう資本の生産過程のいわば序論的な部分として、商品・貨幣・資本を位置づけたことにより、どういう問題が起きてきたでしょうか。実はここで重要な問題が生じました。

商品・貨幣・資本は交換・流通上の関係にある、すなわち流通形態であるととらえます。特に、この流通形態が資本主義を特徴づけている形態であり、しかも資本主義を動かす現実の主体になっている。この流通形態によって資本主義が動かされるということです。ここが重要なポイントですが、マルクスの『資本論』では、この部分を必ずしも明確にできなかった面があります。むしろ生産過程が本質で、商品は交換上に現れる現象。労働＝本質が対象化された生産物の交換上の現象形態として現れるというとらえかたです。価値とは商品価値であり、それは労働という本質の現象形態だという理解です。

『資本論』の解説書などを見ると、価値を外皮としてみているものがあります。本質である労働の外皮であるという理解です。外皮であるから、それによって、本質である労働が動かされたり、規制されたりということはとらえかたとして「ない」ことになる。そういう誤解が生じてきてしまいました。

しかも、商品生産と商品交換について言うと、商品生産のほうが根拠で、その商品が交換に出てくるという。最初は自分の労働でつくった商品を売りに出す。最初は資本家がいないわけですから、労働者だけの、いわば手工業者のような人たちが商品をつくり、その商品を売りに出すということで小商品生産であった。それが商品生産を拡大していく中で資本主義生産に発展していったととらえるのです。生産過程を基盤にして資本主義を説明するという理解が出てくることになる。これについては既に批判しているので、ここでは繰り返しません。

## 商品価値と労働時間

**鎌倉**　価値尺度としての貨幣の問題ですが、これについて『資本論』第1巻第3章の第1節「価値の尺度」を検討しておきましょう。商品の価値の本質は人間労働、労働の一定量である。商品価値は労働時間で決まっている、価値の内在的尺度は労働時間であるというとらえかたになります。価値の基礎に労働量があるというのではなく、労働時間が価値の尺度の本質なのだということです。現実には商品は貨幣と交換され、どれだけの貨幣を獲得できるかということになる。これが価格です。価格は一定の貨幣量であり、貨幣量はもともと一定の金の量ですから、金の量が価値の尺度になるのですが、その金の量で測るのは労働で測る本質の現象形態であるというとらえかたになります。

これに関しては（注）がついています（注※50）。労働時間は価値の基礎であるが、直接労働時間を表す貨幣（労働貨幣）は形成されない。商品経済では、「私的労働」が直接「社会的労働」にならないからだ、と。ロ※バート・オーエン（１７７１〜１８５８年）の労働貨幣論がここで出てくるのです。

ロバート・オーエンはイギリスで紡績工場を経営していましたが、そこで学校をつくり、子どもたちを教育して一人前の労働者に育成しようと考えた。それを基盤にしながら社会主義を展望した。その社会主義のなかでは貨幣は要らない、労働貨幣でいいとした。労働時間を表示する労働貨幣が通用するようになるというわけで、それはつまり労働時間そのものが労働者の社会的貢献（分配）の基準になるということです。例えば、10時間労働したら10時間分でつくった生産物の分配を受け取ると



**『資本論』注50**

なぜ貨幣は直接に労働時間そのものを代表しないのか、なぜ、たとえば一枚の書きつけが労働時間を表わすというようにならないのか、という問いは、まったく簡単に、なぜ商品生産の基礎の上では労働生産物は商品として表わされなければならないのか、という問いに帰着する。なぜならば、商品という表示は商品と貨幣商品とへの商品の二重化を含んでいるからである。または、なぜ私的労働は、直接に社会的な労働として、つまりそれの反対物として、取り扱われることができないのか、という問いに帰着する。商品生産の基礎の上での「労働貨幣」という浅薄なユートピア主義については私は別のところで詳しく論じておいた。（カール・マルクス著『経済学批判』中略）ここで、もう一度言っておきたいのは、たとえばオーエンの「労働貨

いうとらえかたでした。

これに対して商品経済ではそうならない。労働貨幣にはならない。なぜかというと、貨幣と交換されないと労働量の社会的評価ができないからです。たとえば、10時間労働して商品をつくったが、社会的にその10時間が直接評価されるとは限らないのです。つまり、売られてみなければわからない。貨幣と交換されてみなければわからないということです。そこから考えてみると、商品経済では労働量は直接価値尺度にはならないということです。まずは貨幣と交換されなければならないということだったのです。貨幣は労働量の単なる現象形態ではないのに、それを現象形態であるかのように説明してしまったのです。

## 資本の本質は流通運動

**鎌倉**　次の重要な点に移ります。「資本とは流通運動である」というとらえかたです。マルクスは基本的にはこのようにとらえていた、といえます。



幣」が「貨幣」でないことは、劇場の切符が貨幣でないのと同じことだ、ということである。オーエンは、直接に社会化された労働を前提している が、それは、商品生産とは正反対の生産形態を前提するものである。労働証明書は、ただ、共同労働における生産者の個人参加分と、共同生産物の消費充当分にたいする彼の個人請求権とを確証するだけである。しかし、商品生産を前提しておきながら、しかもその必然的諸条件を貨幣の小細工で回避しようというようなことは、オーエンにとっては思いもよらないことなのである。（国民文庫版、大月書店〔1〕171～172ページ）

**ロバート・オーエン（1771年～1858年）**
英国の社会主義者。〈紡績業者として成功したのち米国インディアナ州で共産主義的ところが、近代の資本は産業資本であり、商人資本、高利貸し資本は「前期的」資本であるとして、資本の本質が欠けているような理解をする人が結構います。商品・貨幣は資本主義以前にもあったけれども、資本というのは資本主義以前にはない。資本というのは一時代を画する産業資本だという理解をする人がいるわけです。マルクス自身も「資本は、生産手段や生活手段の所持者が市場で自分の労働力の売り手としての自由な労働者に出会うときにはじめて発生するのであり、そして、この一つの歴史的な条件が一つの世界史を包括している」と言っています（第4章第3節、国民文庫）。これは、一社会を形成するようになった資本は、労働力の商品化を条件とする産業資本によってであることを指摘しているのであって、資本自体の規定を言っているのではありません。

強調しておきますが、資本の本質はG—W—G'の流通運動です。これを「貨幣の資本への転化」のなかで、マルクスは明らかにしたのです。それを代表するのは商人資本である。高利貸し資本も商品の媒介なしのG…G'として流通運動ととらえられる。生産過程を支配する産業資本だって、その運動はG—W—G'としてとらえられるとしています。つ



協同村建設を試みたが失敗。帰国後は協同組合運動・労働運動を指導した。空想的社会主義の代表者とされる。〉（デジタル大辞泉）

まり、資本とは流通運動であるというとらえかたが『資本論』で確立したのです。しかし「資本の生産過程」として労働・生産という基礎をとらえながら、流通関係・流通運動を説明したところから、流通形態・流通運動の規定が純化しきれなかった。この点から生じる重要な問題が「労働の二重性」の規定でした。

労働の二重性についてマルクスはすごく難しい言葉を使っています。「具体的有用労働」「抽象的人間労働」と言っているのです。これを第1章第2節「商品に表わされた労働の二重性」で説明しています。商品とは2要因からなるものだということを第1節「商品の二要素　使用価値と価値（価値実体、価値の大きさ）」で明らかにしています。

まず、商品は使用の対象であるということで使用価値という考え方。しかし、その使用価値をその所持者が自分で使うのではなく、交換に出すわけです。交換とは、自分が欲しいけれども他人が持っているものを獲得したいことから生まれてくる行動であり、そのために対価を渡す。対価を渡して相手の持っているものを獲得するのが交換です。その交換する商品を価値と規定しました。ですから、商品は価値と使用価値という2要因から成っているということです。

しかも、自分が所持している物を、自分で使わないで交換しようというのですから、価値が積極的要因なのです。自分は使わない、つまり使用価値にしないわけですから、使用価値は誰か他人のための使用価値である。自分が持っている商品を誰かが欲してくれないと交換できない。相手の持っているものを交換を通して手に入れたいが、その相手が自分が持っている商品を使用価値として認めてくれなければ交換できない。そういう2要因があるとしたのですが、これはただの2要因ではないのです。自己の使用価値は価値に対する制約要因なのです。それはともかくこの2要因をとらえ、その2要因の根拠には労働があるとしました。

## 抽象的人間労働と具体的有用労働

**鎌倉**　『資本論』において商品は、基本的には労働生産物としてとらえています。労働を根拠にして商品が生産される。その商品の価値を形成する根拠になっている労働ということです。これを「抽象的人間労働」

と表現した。それに対し何か有用なもの、使用の対象になるものをつくるのを「具体的有用労働」と規定しました。具体的で目に見える労働だということで、労働の種類のことです。たとえば、紡績労働を通して糸から布をつくる。鉄をつくる場合は溶鉱炉で鉄を溶かし、ドロドロした鉄を棒にしたり鉄板にしたりする。そういう労働の種類を商品の使用価値形成を行なう労働なのだということです。使用価値を形成する根拠になる労働であるととらえたのです。

しかし、人間労働はそれだけではありません。何か労働する場合でも時間がかかる。一定時間の労働の量が必要です。今日は畑に出て種をまいたが、それに何時間かけたか。労働の質と量と両方に人間労働は関わってくるわけです。これを商品の使用価値と価値に当てはめて考えると、労働の質のほうは使用価値形成である。そして、何時間かけたかという量は商品の価値の大きさに関わるから価値形成労働だということになる。商品を前提にしてとらえましたから、その商品の価値を形成するのが抽象的人間労働であり、使用価値を形成するのが具体的有用労働だととらえたのです。

　このようにとらえると、具体的有用労働のほうはかなりわかりやすい。どういう種類の労働をやっているかということはわかる。しかし、価値を形成する労働、同質の労働というのはわかりにくい。それを抽象的人間労働と言ったものですから、具体的な差をなくす労働などと言ったり、交換関係を通さなければこの違いはなくならないのだというようなことを言ったりしているわけです。廣松渉さんなどはそういう理解です。彼は、「抽象的人間労働は交換関係における交換概念である。具体的労働が現実の労働で、それを同質であるということで観念的に抽象化した労働が抽象的人間労働だ」などという説明をしました。

　実は、マルクスの『経済学批判』などでもそういう説明の一面があった。そこからいろいろな解釈が生じました。具体的有用労働はどんな生産関係の下でも考えられます。たとえば、封建的支配の下で農民がお米をつくるのに具体的有用労働が行なわれている。だから、具体的有用労働はどんな社会でも必ずある労働であるとされた。ところが、抽象的人間労働を価値形成労働としていましたから、価値形成労働は商品として交換されるものをつくる労働だから、商品に限定されてしまう。そこで抽象的人間労働は、商品生産に特有な労働だという理解になったのです。生産物が商品として売られる場合に抽象的人間労働が使われている、と。

商品経済は、歴史から言うと限られた条件の下で表れる。たとえば、封建共同体のなかでは商品交換は行なわれていません。共同体のなかで農民は生産物をつくり、それを強制的に領主に搾取されてしまうことはありましたが、交換は行なわれていなかった。農民は自分が労働してつくった生産物のなかから自分や自分の家族の生活に必要な生産物を獲得し、消費して、生存を維持していたわけです。そこでは交換はないので、生産物は商品にはならないのです。商品にならなければ価値形成労働はない。抽象的人間労働イコール価値形成労働ととらえてしまうと、封建社会の農民の労働は具体的有用労働が行なわれているだけで、価値形成労働はなかったので、抽象的人間労働はないということになる。いままでもそのように解説している『資本論』の解説書があります。抽象的人間労働は価値形成労働であり、したがって商品生産特有の労働だというのです。

# 労働の二重性とは

**鎌倉**　ところが、マルクス自身、労働の二重性を超歴史的な人間労働の特徴ととらえています。第1章第4節「商品の物神的性格とその秘密」でその点を明らかにしていた。ロビンソン・クルーソー※はいろいろ具体的な労働をやっています。魚を釣るとか、釣り針をつくるとか、いろいろやっていますが、それぞれに何時間かの労働を費やしている。『資本論』はこういうふうに説明しています。ロビンソン・クルーソーの労働の生産物は商品として交換に出せません。島にはロビンソン・クルーソーしかいないのだから、交換する相手がいない。しかし、そこで彼が行なう労働には「労働の二重性」がある。何時間かかけて労働をするという労働の量と、いろいろな種類の労働をするという労働の質の二重性があるというわけです。

中世の農民家族もさまざまな種類の労働をやっています。それを何時間かかけて労働をしている。さらに、共同体（社会主義共同体）のなかでも人々は計画的にどういう生産物をつくるか、どういう種類の労働が

**ロビンソン・クルーソー**
〈デフォーの小説。1719年刊。難破して漂着した無人島で、主人公ロビンソンが28年間、神を信じ創意によって生活環境を改善していく物語。写実的な描写によってイギリス小説の形成に寄与した。ロビンソン漂流記。〉（大辞林）

必要かということを決め、そこに何人の労働者を充てるかを決めている。何時間労働するかということを基準にして労働する人数を決めていくわけですから、社会主義共同体の中においても労働の二重性は厳然とあるのです。

人間労働は資本主義で行なわれるだけではありません。原始共同体でも行なわれていましたし、奴隷制、封建制のなかでも行なわれていますし、社会主義でも行なわれています。だから、人間労働は社会の特質を問わず、どんな社会においても必ず行なわれている。その意味で「実体」という言葉を使っています。社会存立の根拠であり、その人間労働はいつも二重性を持っている。何時間かの労働時間を費やしながら、人間生活を維持するのに必要不可欠な、さまざまな生産物をつくっている。労働の質から見れば有用労働であり、労働の量＝時間という点から言えば抽象的人間労働です。

# 『資本論』概念を純化



**鎌倉**　私は、「抽象的人間労働」という言葉をもっとわかりやすくしたほうがいいと思い、『資本主義の経済理論』（有斐閣）という著書では「所要労働」（同書129ページ）としておきました。何時間かけたかということで、そうしたのです。実は『資本論』自身も内容上はそういう説明をしています。抽象的人間労働は、労働にどれだけ時間をかけて行なわれたかという労働量を示している。具体的有用労働は、どんな労働がどのようにして行なわれているかということであるとしています。人間労働には必ずこの二重性があるということです。労働時間で測られる労働がマルクスの言った抽象的人間労働なのです。「抽象的」というのは労働の種類にかかわらない「同質」という意味ですから、「時間」という量で測れるのです。ですから、「所要労働」という、わかりやすい概念にしたほうがいいと思うのです。

この「労働の二重性」については、古典経済学——スミスや、リカードでも明確に説明できませんでしたので、マルクスが最初に概念を形成するについては相当苦労したのではないかと思います。それが第5章にかかってきます。資本の生産過程の解明がここから始まるのです。第5章の表題は「労働過程と価値増殖過程」です。第5章第1節が「労働過程」で、第2節が「価値増殖過程」です。

労働過程はマルクスの説明を読むと、「具体的有用労働によって生産物が生産される」というとらえかたになっています。そうすると、労働過程は具体的有用労働の側面、商品に関して言うと、使用価値の側面だけをとらえたもののように思いますが、中身を読んでいくと、どんな社会においても労働過程は必ず行なわれていたという説明がされています。

だから、労働の二重性は超歴史的な人間生活を支える根拠だということを考えれば、労働過程は必ず一定時間を費やして何か具体的なものをつくっていくことであるととらえていいのではないか、労働の二重性がそこにあるととらえていいのではないかと思うのですが、そういうはっきりした説明が『資本論』にはないのです。そして、第2節にいくと「価値増殖過程」ということで、その根拠に抽象的人間労働があるというとらえかたになってくる。

マルクスは、商品に価値と使用価値の二重性があったと同じように、労働生産過程においても労働過程と価値形成過程という二重性があると説明しているのです。そうすると、労働過程は価値形成過程ではない、抽象的人間労働がないように理解されてしまう。これは誤解なのですが、そういう理解がどうしても出てくるのです。概念から言うと、労働過程のなかで労働の二重性がある。これを労働過程と生産過程という両面から説明する。労働過程・生産過程の区別について、マルクスは、労働過程と価値形成過程を統一したものが「商品の生産過程」であり、労働過程と価値増殖過程を統一したものが「資本の生産過程」であると言っています。労働過程はどんな社会にあるものだけれども、それを生産過程として規定すると、生産過程は商品生産過程か、資本主義的生産過程かということになってしまう。

ところが、労働過程論のなかでマルクス自身が説明しています。労働者を主体としてとらえると、労働過程としてとらえられる。働きかける対象は労働対象、自然力、土地などです。手段として使うのは労働手段です。それを生産される生産物の側から見てみるとどうなるか。生産物の側から見てみると、労働は生産的労働であり、労働手段と労働対象は生産手段であるととらえることができるとした。労働過程は、労働主体としての労働者の側に即したとらえかたであるが、生産過程としてとらえると、結果としてつくられた生産物をつくるのにどういう要素が機能してきたかというとらえかたになる。

つまり、これは同じ過程をとらえているわけで、労働過程においても人間労働の二重性が発揮されていたし、当然、生産過程においても生産的労働という言葉を使っています。どんな社会体制の下でも、ある生産物をつくるのに、ある種類の労働が行なわれ、何時間か労働を行なっていると整理したのが宇野弘蔵です。労働生産過程を社会の存立・発展の根拠になっている実体的労働として明確に規定したのです。これは実にすごいことだと思います。『資本論』の中にあった、なおあいまいさを残していた概念をこれによって明確に純化させることができたし、同時に、どんな社会においても労働が必ず行なわれているということ、人間生活に必要不可欠なものを労働者が労働の二重性を通して生産していること、何時間かの労働をして必要な生産物をつくることが社会の存立・

発展の根拠なのだというとらえかたが明確に確認できたと思うのです。これが宇野理論による第1章から第4章を流通論とする組み替えの決定的意義であるととらえなければならない。

## 宇野の価値尺度論

**鎌倉**　宇野「原論」による第1〜第4章を「流通論」とする組み替えの意義をまとめておきますと、商品・貨幣・資本は流通形態であるということ、特に重要なのは資本は流通運動であるということ、要するに形態を形態として純化して規定したということです。

マルクスは商品・貨幣・資本を流通形態としてとらえながら、本質、つまり労働という根拠を明確にしなければならないと考えていたのだと思います。そこで形態論の根拠として労働を持ち出した。労働という根拠なしでは商品価値は形成されないのだととらえたのです。価値を形態として純化できなかったわけです。

商品は特定の生産関係とは関係ありません。商品も貨幣も資本もそうで、特定の生産関係に規定された性質を持っていない。それはあくまで流通における関係です。どんな生産関係であれ、生産された生産物を売買しながら金儲けを実現するのが資本の本質であるととらえなければならないのです。

価値尺度論ですが、貨幣による商品の購買機能が価値尺度になるのです。価値尺度とは商品価値を尺度とすることです。商品は値段を表示して市場に出されるのですが、その値段どおりに売れるかどうかわからない。繰り返し商品が買われるなかで一定の価格が形成される。市場価格の変動を通してその基準が形成される。それが社会的に評価される価値の量です。

あくまでも社会的な商品価値は、貨幣による購買を通さなければ確定されません。これが、宇野弘蔵が明確にした貨幣の価値尺度機能です。労働時間によって直接尺度されない。必ず貨幣による購買を通さなければ価値は確定されない。宇野先生は、「俺の価値尺度論はノーベル賞ものだ」と言っていました。労働時間が価値尺度だという理論は商品経済の特徴をとらえていない。貨幣による購買を繰り返す。この購買機能を通さなければ商品価値は尺度され得ないと主張し、この論理を自慢していたのですが、確かにこの点は重要だと思います。

## 反省と工夫が労働の営み

**鎌倉**　そして、流通運動としての資本という規定が確立しました。資本という流通運動が生産過程を包摂するのです。生産力が発展していって資本主義になったのではない。流通運動を支配していた資本が流通から生産を支配していくわけで、そこには暴力が必ず介在するということになる。「本源的蓄積過程」――労働者、農民、手工業者から生産手段を暴力的に奪い、無産者にする過程が、流通運動としての資本が、生産過程を包摂・支配する条件でした。そして、それを踏まえて社会の本来の存立根拠である実体、労働・生産過程を資本が包摂する運動のなかに位置づけたのです。実体を実体としてとらえる。労働・生産過程、すべての人間社会の存立・発展の根拠を実体としてとらえ、同時に、実体としての労働・生産過程における人間労働の二重性がそこにあることを明確にしました。

これは同時に人間労働の特質に基づく活動ですから、人間の営みとしての労働・生産活動が資本の支配する生産過程においても行なわれている。資本は自ら価値を形成し、増殖するのではない。労働者を雇い、労働者に労働させなければ、価値形成も価値増殖も実現しない。価値形成、価値増殖をやるのは労働者の労働のみである。モノがモノをつくるのではない。生産過程はモノとモノとの交換ではなく、人間労働の営みなのです。だから自主性を持ち、意識性を持ち、どうやったら効率的に生産物ができるのかという反省と工夫をしながら行動する。そういう人間の意識的行動が労働過程の基本であるわけです。

同時に、自然に今まで存在しなかったさまざまな生産物を創造していきます。たとえば、石油からさまざまなものをつくり出してきました。人間労働の特徴は意識性、創造性です。もう一つ、決定的にここで言いたいのは、初期マルクス、特に『経済学・哲学草稿』の労働疎外論などで強調していたのが意識的な共同性です。労働者は孤立して労働しているのではない。分業はしているが、ある一つの生産物をつくろうと思えば、さまざまな種類の労働をやっている労働者が共同しなければつくれないわけです。私は、人間の本質はそういう意味で連帯・共同性にあると思っています。それを自覚してやれば一番いいのですが、自覚しなくても、労働・生産活動は自分勝手なことをやっていては不可能です。

ものをつくるには自然必然性に規制されるという側面がある、ととらえていいと思うのですが、自分のやるべきことはこうだと自覚しながら他人との共同を通さないと、生産物は生産されないのです。これは人間の社会活動の特徴だと思います。

私はある大学の学長をやっていい経験を積みました。大学の授業をやるにしてもおのおの分担がある。みんなにやれと命令してやるのではなく、ある一つの事業を構成するうえにも、それぞれの仕事をそれぞれが目的意識的に自分の責任で自覚をもって労働しなければ達成できないのです。こういう講座を設定する場合も、それぞれの分担をそれぞれが自覚して初めて成り立つのです。

すべての仕事がそうなのです。私は甘いかもしれないのですが、労働者の労働というものには人間性が発揮されるととらえています。そこには必ず共同性、連帯関係があると思います。自主性、創造性とともに意識的な意味での共同性、連帯関係がある。これが労働・生産過程の特徴であるととらえています。

労働過程は、労働者が主体的に労働するということに即した概念です。マルクスが言うように、労働する労働者が主体になって働いている、その対象、それに使われる手段を考える。それに対し、結果としての生産物から、それがどう生産されたかをとらえる。結果のほうを重視するのは生産過程の概念です。資本は労働者を雇って労働させるが、そこでは結果を重視する。結果を生まなければ、労働者はどれだけ労働しても賃金が払われない。今はますますそういう状況が出てきています。結果を伴わない労働は意味がないのか。試行錯誤の過程は労働に伴うものです。

## 残された「宇野原論」の課題

**鎌倉**　労働者の労働は、ロボットを使って労働させるのとは全く違います。ロボットの労働はものの機能ですから労働とは言えない。労働には必ず一定の試行錯誤があるわけで、コンピューターがどれだけ発展しても、コンピューターでは絶対できない人間労働の質があることをここで明確にとらえる必要があると思います。試行錯誤があり、絶えず工夫をして修正をしていく。そこには反省があり、意識性が存在するのですが、その成果をいまは全く生かそうとしていない。いまは結果のみを重視する。時間で払ってきたこれまでの賃金体系を変え、成果に沿って賃金を支払う成果主義になっている。モノだけの過程にしてしまう。そうすると、人間の人間労働としての特質はどうなるのか。これが今日の最後の話に関わってくる部分です。

『資本論』第1巻の基本的な話は以上ですが、宇野「原論」にも残された問題はあります。宇野の本を読んでいくとわからない言葉がかなり出てきます。「商品に復元力がある」と言っているが、復元力とはなにかはわからない。大学院の課程で復元力って一体なんだろうと話になったとき、如意棒のように元へ戻る力だとか、変な説明を先生方がやっていました。

ただ、宇野の本を読んでみると、復元力とはこういうことらしいとわかってきます。冒頭の商品論での商品は資本主義を構成する商品を抽象した商品です。これは間違いない。資本主義で売買されている対象のなかから商品とはどういう性質を持つものかという、商品の特質だけを抽象している。

宇野は復元力を言い換えて「純粋抽象性」と言っていました。これも難しい。『資本論』の商品の説明を見ると、商品は生産者が生産したことを基礎に規定されているので、労働・生産過程から抽象されていないのです。資本主義的生産過程が既に前提したうえでの説明がありますが、これも商品を説明しながら純粋な商品が抽象されていない。抽象が不徹底なのです。そこで宇野は、「純粋抽象性」という言葉を提示して、これを「同質性」という概念で説明したわけです。

価値とは同質性だというのですが、同質性ということは1個の商品では絶対にわからない。複数の商品を並べてみてもわからない。売り出されている商品で同質性がわかるのは価格だけです。労働の同質性はわかるはずがないのです。値段が付いていることで同質性がわかる。ところが、宇野は同質性の根拠はやはり労働だとしている。そういう考え方をずっと維持していたのだと思います。だから、商品交換の基盤にはいつでも商品生産があるというとらえかたを克服していないのです。資本主義から抽象した商品だから、もう1回商品を論理的に展開していくと資本主義的商品に戻る。こういうとらえかたが復元力ということなのですが、これは商品の抽象性が不徹底である証拠だと思うのです。



## 革命論とつながる点

**鎌倉**　商品交換から自動的に資本主義が出てきたか。商人や高利貸しが発展していくなかから、その商品経済の中から資本主義が出てきたか。実は出てこないのです。商品から貨幣が必ず生まれるとか、資本が必ず生まれるという論理はないわけです。資本主義から抽象したから、自分の頭では抽象した商品が資本主義に戻る。自分が抽象した観察者の観点であり、商品に即した観点ではないのです。商品そのものに即したら、資本主義の商品であれ、資本主義以前の商品であれ、もっと言うと株式であれ、土地であれ、労働力であれ、労働生産物でない商品であれ、自分が持っていながら自分で使わないで交換される、売りに出しているものの全部を含むのです。これが商品の最も純粋な規定です。そこのところを労働生産物が根拠であるようにとらえていると、そこがふっきれないわけです。

**佐藤**　いま鎌倉先生が熱心に話されていることは、大きな流れで言うと、宇野学派は二つに分解しているということですね。一つは、論理整合性を重視していく形です。宇野弘蔵は「あたかも資本主義というのは永続するようになる」と、「あたかも」という言葉を付けているのですが、恐慌論を重視していく形で一種の循環論として「原論」を解いていくという流れにつながっていると思います。

鎌倉先生がおっしゃったのは、資本主義のスタートにおける断絶です。共同体と共同体の間から商品が生まれてくれば、そこから必然的に貨幣が生まれてきて、そこから必然的に資本が生まれてくるのですが、労働力商品というものが必然的にどこかから生まれてくるということは言えない。そうすると、歴史とどこかで接続しなければいけないわけです。

その歴史と接続するというのは、私の言い方からすると外部性であり、資本主義ができていくことにおいては外部がありますよ。外部的な要因によって成り立ち、一つのシステムができているのだけれども、それは外部的な要因によって成り立っているから、もしかしたらそこのシステムは抜け出して変わっているかもしれない。

いま鎌倉先生が熱心に話しておられたのは、実は革命論とつながる話であり、鎌倉先生が論理的な話をされている根っこのところで動かしているのは、革命に向けた極めて強力な情熱のところから出ている部分です。

私が新潮社から出した『いま生きる「資本論」』では『資本論』は革命の書ではないと言っているのですが、これは逆説的な意味で、革命ということを真面目に考えるのだったら、対象としての資本主義というものを認識しないと、自動崩壊論であるとか、自動革命論であるとか、おかしなところの生産力史観に落ちてしまうという、ここのところを強調したかったわけです。

## 「資本の流通過程」と生産論

**鎌倉**　『資本論』第1巻の組み直しということのなかで、宇野のとらえかたで不徹底なところがあるのではないか。私は、そこをもっと徹底してみようと考えたわけです。これは最後のところでまた関わってきますので、次に第2巻の問題に入ります。『資本論』第2巻「資本の流通過程」を生産論のなかに組み入れる、という点です。

宇野弘蔵『経済原論』第2篇「生産論」の第2章は「資本の流通過程」です。『資本論』第2巻と同じ表題ですね。「生産論」のなかに「資本の流通過程」を入れるのは考えてみるとおかしいと感じますが、『資本論』の「資本の流通過程論」の中身を見ると納得がいきます。すごいと思うのです。私は1970年にドクター論文を書いたときに中心テーマとしてこれを扱ったのです。なぜ宇野弘蔵『経済原論』は資本の流通過程を生産論のなかに位置づけたのか。

実は『資本論』の形成過程をずっと追っていくと、マルクス自身の考えは、宇野弘蔵が完成した方法に近づいてきていたのです。私はこれをとらえてすごいなと思いました。『資本論』第1巻第7篇「資本の蓄積過程」の序文の中身が初版の『資本論』と3版以降の『資本論』で違っています。初版の『資本論』の構成と3版以降の構成がかなり違ってきており、その違いを見て、私はわかったのです。たとえば、労働・賃金というところが章のなかにあったのを独立した篇にして、第6篇「労働賃金」としたわけです。どうしてこれを篇別構成の篇にしたのかなと疑問に思ったわけです。

もう一つ、初版で決定的な問題としてあるのが、初版は第1巻25章で終わりですが、その最後の部分に、今までわれわれは資本の生産過程を論じてきたが、その資本の生産過程の最後が剰余価値を含む商品だとしている。W'です。そして、次は、この剰余価値を含む商品がいかに貨幣に実現されるかという課題となると言っていたのです。

ところが、初版の最後の一文が全部カットされたのです。カットされ、しかも蓄積論の最初の部分が大きく修正されました。今まで資本の流通過程をW'—G'、単純商品流通と同じように扱ってきたが、これは違うということです。資本の流通過程としてこれから論じようとしているのは循環・回転であるとし、循環論、回転論をこれから問題にするのだとした。ただ、そこへ行く前に、まず蓄積論で資本と賃労働の関係をやるのだということで蓄積論が始まる。しかし、この蓄積論の前提として資本の循環・回転をやっておいたほうがいいのではないか。マルクス自身そういう考え方になってきつつあったのではないかと私はとらえたわけです。

## 『資本論』2巻への誤解

**鎌倉**　宇野『原論』は、表題としては「資本の流通過程」ということで同じなのですが、これを生産過程論のなかに入れた。つまり、生産過程論の第1章は文字どおり資本の生産過程であるが、第2章は流通過程と題しながら、課題の中身は資本の循環・回転です。そして、第3章が蓄積過程です。その蓄積論の最後が第2巻第3篇の社会的再生産表式という位置づけにしてあります。これはすごいことだと思うのです。

まず、『資本論』第2巻に関わる誤読について説明します。資本の流通過程を、剰余価値の貨幣への実現、W'―G'、つまり固有の流通、商品流通過程としてとらえている。『資本論』を読んでいる人のなかにもまだこういうとらえかたがあります。マルクスのなかにも最初はありましたが、叙述の進展で変更されました。

流通に剰余価値の源泉があるとし、剰余価値の本質が隠蔽される――流通から利潤が生じるかのような間違ったとらえかたを『資本論』の第2巻でやっているととらえるのです。剰余価値の秘密が第1巻の主題だったが、2巻、3巻になると、生産過程を通した労働者の労働が剰余価値の源泉だという本質論が、現象形態で隠蔽され、ぼかされてくる過程であるという理解があったのです。流通が利潤の源泉であるかのようにとらえるのが2巻のとらえかたである。向坂逸郎は岩波文庫版第9分冊で『資本論』の解説をやっていますが、『資本論』2巻の解説部分には、剰余価値の本質が隠蔽されてくる過程というとらえかたが依然としてあるのです。

『資本論』第2巻第3篇の「社会的総資本の再生産と流通」は、宇野弘蔵『経済原論』だと第2章の最後の篇、蓄積過程論が終わった最後の締めに位置づけられています。この2巻3篇についても、従来はずいぶん誤解がありました。特に、2巻3篇でマルクスは需要と供給のズレ、部門間の不均衡についてよく扱っています。そして、部門間の不均衡が拡大していって恐慌が生じるとして、恐慌の可能性を指摘しているのです。そういうところから第2巻第3篇は恐慌論であるというとらえかたを不破哲三さんなどもしています。不破さんが最近『資本論』の大発見というようなことをいっていて『しんぶん赤旗』※を読んだのですが……。

**佐藤**　鎌倉先生は『赤旗』なんて読んでいるのですか。

**鎌倉**　愛読しています。そこで不破さんは言っています。マルクス自身がひらめいたとして。どういうひらめきかというと、資本の流通過程を担当する商業資本をマルクスが考察していく過程で、商業資本の投機について思いついたとしている。商業資本は値段のつり上がりを期待して必ず投機するわけです。そして値段が上がるまで、需要があっても商品を売らない。そして、たとえば10倍上がったところで売る。投機をあおっていくと価格が上がっていくから、商品をどんどん供給してもいいんだ



※『しんぶん赤旗』
日本共産党中央委員会が発行する日刊機関紙。〈党によると、赤旗の発行部数は日刊紙と日曜版を合わせて約113万部〉（『毎日新聞』公式ニュースサイト、2017年4月1日）

なということになる。投機にあおられて、本当の需要はないが商品の供給を増やしていく。それが需要を超えた商品供給の拡大をもたらし、過剰生産恐慌をもたらすというのです。

『資本論』2巻の商業資本論の原稿を書きながら恐らくマルクスはひらめいたのだろうと、不破さんは言っているのです。真の需要がないのに投機的需要に引きずられて供給を増やしていった。これが過剰生産恐慌の原因になったのだとひらめいて、過剰生産恐慌を位置づけたというのですが、ふざけた話だと思います。

**佐藤**　ひどいですね。資本の過剰という概念が全くわかっていないということですね。

**鎌倉**　『資本論』の中身を後でみますが、『資本論』の第2巻第3篇（第20章第4節）でマルクスが言っているのは、すべての恐慌の直前は過少消費説、同じことですが、過剰生産説の人を裏切るような事態が生じている――賃金が上がって商品需要が増えていくときに恐慌が準備されると言っているのです。直接はロートベルトゥス※批判ということでしたが、これがマルクスの資本過剰論に基づく恐慌論です。需要を超えて供給が

**ヨハン・ロートベルトゥス（1805年～1875年）**
ドイツの経済学者，社会主義者。〈1848年の三月革命時に文部大臣、1849年以後農場主として著述に専念。労働価値説の先駆者で、地代、利潤を不払労働とみ、恐慌は労働者の分け前の低下に基因するとして過少消費説を展開し、国家的方策による労働者救済策を唱えた。〉（百科事典マイペディア）

増えて恐慌が起きるという俗説にしてしまった。

**佐藤**　なぜそのようになるんですかね。

**鎌倉**　過剰生産恐慌では、生産力が発展し供給が増えるが、資本はつねに賃金を引き下げようとしているから、需要は減る、ととらえるのです。そのもとにあるのは、資本主義は無政府的だから、ということがあるのだろうと思います。と同時に、生産力は生産関係とかかわりなしに発展するという唯物史観の方法によるとらえかただと思います。

**佐藤**　あと、現実の資本の動きのなかで、投機的な動きというのは資本には常にあるわけで、どこが投機的な動きなのかは現実には区別できない。

**鎌倉**　明確にわかるのは、投機というのは、商品に需要があるのに商品を売らない。価格をつり上げるために金を借りて商品を仕入れるが、仕入れた商品は売らない。その結果どうなるかというと、資金需要は増大していくが、資金供給は増えないから利子率は必ず上がる。株価をつり上げるために通貨の増発をし資金貸し付けを増やす。資金借り入れで株式に投資し株価は上昇するが、株価が上昇しても、資金は形成されない

（価値形成・増殖は行なわれない）ので、利子率は上がる。利子率が上がると株価は下がるので、そこで年金資金を使って株を買って値段を上げようなんて言い出すわけです。それと同じです。投機の結果、利子率は必ず上がるし、利子率を上げれば投機は必ずつぶれる。こういうとらえかたが重要なのであり、その話は恐慌論でやりますが、このように『資本論』第2巻のとらえかたでは、いま言ったようなとんでもない誤解がいまでも横行しているということです。

**佐藤**　宇野先生は『資本論』第2巻についても詳しく研究しています。マルクス主義経済学者のなかでは、第1巻、第3巻は研究の対象になるけれども、第2巻はなかなか研究対象にはならない。鎌倉先生が論文で選ばれたときもみんなびっくりしたと思います。なぜ第2巻などをテーマにするのか。誰もやっていないじゃないかと思う人もいるのですが、誰もやっていないからテーマにする意味があるわけですね。

あと、いま話を伺っていて思ったのですが、イデオロギッシュな左翼陣営というか、旧来型のマルクス主義経済学の誤解があるわけです。資本主義体制において絶対に賃金など上がることなどないと言う。こういう誤解があるから、資本の過剰によって賃金が上がってきて、それによって恐慌が起きてくるということが理解できません。そこのところはなにかコストプッシュインフレ論のような感じだなという理解から、「宇野なんていうのは近代経済学の変種にすぎない」とか、こういうイデオロギッシュな断罪につながってくるわけです。重要なのは論理変換です。不破さんの言っていることでは説明がつかないわけです。

## 資本主義の不安定性

**鎌倉**　第2巻の主題は産業資本の循環と回転になりました。循環・回転と言ってもわかりにくいかもしれませんが、産業資本は単なる商人と違い、流通だけを活動の舞台としているのではなく、生産過程を包摂しながら、いかに価値増殖、お金を増やすかという運動を展開している。生産過程を必ず包摂しています。

そこからいろいろな問題が出てきます。商品資本だけではそんなに問題は発生しませんが、生産過程を包摂したことにより、産業資本としてはいろいろな問題を抱え込んでしまう。ここが重要です。循環形式には、貨幣資本の循環形式、生産資本の循環形式、商品資本の循環形式の3循環形式があります。そのうち、決定的に重要なのは生産資本の循環形式です。労働者を雇い、生産手段を買い込み、労働者に労働させる過程、つまり生産過程の要素を生産資本と呼ぶのです。産業資本運動が繰り返される根拠は、生産過程が繰り返し行なわれることにある。

生産資本の要素は労働力＝労働者と生産手段であり、それを使う過程が生産過程です。マルクスは、生産要素という意味で生産資本をとらえるとらえかたと、生産過程で機能している過程を生産資本としてとらえるとらえかたがあります。

マルクス『資本論』第2巻の資本の循環形式を見ると、最初は4循環形式でした。つまり、生産資本の循環形式が2通りあったのです。G—W…P…W'—G'の最初のG—WのW、それは労働力と生産手段です。これを生産資本と規定するわけです。そうすると、生産資本の循環形式はG—WのWの循環形式になる。ところが、『資本論』が完成していくとG—Wを使ったPの過程となる。Pは生産過程です。この生産過程の連続という形式に純化するのです。こうして資本の循環形式は、「3循環形式」になるわけです。

かつて日高普《ひろし》※（1923～2006年）が、法政大学で「経済原論」を担当していたのですが、日高さんは生産資本の概念があいまいだから生産資本の循環形式を「経済原論」から除いてしまった。自分がわからないから除いてしまうのは暴力的ですね。彼は宇野理論のなかで重要な一角を占めていた人だったのですが……。

生産資本で重要なのは、買い入れた労働者は価値物ではないということです。雇った労働者を誰かに転売できるでしょうか。これは資本主義の逸脱で、できないわけです。ほかの人に転売するということは奴隷にすることですが、それはできない。労働させるしかないのです。生産手段の場合は、買った生産手段を転売することはできます。原料をたくさん買い過ぎたという場合は、その原料を売ることは可能です。価値は失われていないのです。

ところが、労働者は売れないのだから使うしかありません。使い方がひどかったりすれば、労働者はサボったり、ストライキを起こします。



**日高普**
**（1923年～2006年）**
経済学者。〈昭和38年法大教授。宇野弘蔵らの学統をつぎ、マルクス経済学者として「資本論」を詳細に分析。経済原論、資本の流通過程などを研究した。浜田新一の筆名で文芸評論も手がける。のち法大出版局長。〉（デジタル版 日本人名大辞典＋Plus）

そうすると、資本は一定の労働を行なうという約束で労働者に賃金を支払い雇ったのに労働者は何も労働しない。したがって、価値をつくらないことになる。労働者を雇って労働させることは、資本にとっては価値を失う過程となるかもしれない。W'—G'の過程ではなく、労働・生産過程が価値喪失過程となる。決定的に重要な部分です。

**佐藤**　鎌倉先生の『資本主義の経済理論』（有斐閣）を持っておられる方は、180ページから187ページの「産業資本の循環運動」の部分を熟読していただくと流れがわかると思います。いまの話はある意味で資本主義の不安定性の根拠のところになってきますから重要です。

**鎌倉**　この『資本論』第2巻の循環・回転論を踏まえ、宇野が生産過程論のなかに入れたことの決定的な意義は次のとおりです。

それは、資本の流通過程の主題を循環・回転として明確にしたということです。「資本の流通過程」とすると流通ととられてしまうので、表題を変えたらどうかと思います。それで、私の『資本主義の経済理論』では「循環・回転」にしました。決定的な中身は固定資本の問題です。労働力に投下した資本を可変資本、生産手段に投下した資本を不変資本と言います。労働力に投下した資本を可変とする意味は、賃金を払って労働者を雇っても、賃金をそのまま生産物に価値移転するわけではない。労働者が労働することを通して価値が回収できるか、あるいはもっと増えるか、あるいは全然回収できないかということで、労働によって左右されるから可変なのです。それに対し不変資本は、生産過程でその価値を変えません。しかし、生産手段を含めて1回の回転で価値が全部回収できる資本と、1回の回転で価値が回収できない資本がある。これが固定資本と流動資本ですが、ここで重要なのは固定資本です。

資本は機械を導入すると、その機械が平均して10年機能しつづけると仮定します。その間にいろいろ問題が生じるから10年機能しつづけられるかどうかわかりませんが、いずれにしても10年かかって価値を回収するのが固定資本です。元の価値はだんだん償却して少なくなるが、現物は価値が残っている限り、廃棄したら損失が出る。そうすると、固定資本が償却しきるまでは、新しい固定設備の導入を制約するわけです。使っている機械を全部償却しきっていないのに、新しい機械を入れて前の機械を償却すると損失になる。そこで固定資本の制約により、古い固定資本を使い切るまで新しい固定設備を入れたり、古い固定設備を廃棄したりすることができない。ここの問題を宇野は恐慌論に組み入れたのです。資本の蓄積過程の前提にこの点を位置づけたわけです。

## 恐慌の原因とはなにか

**鎌倉**　ここでは資本の蓄積過程についてはは話しませんが、マルクスは、労働者に投じる資本である可変資本と生産手段に投下する資本の不変資本の比率を資本の有機的構成（有機的組成）と言っています。そして、資本主義が確立すると、この有機的構成は不断に高度化していくとしている。つまり、投下した資本に対し、今まで１００投じた資本のうち80が生産手段、20が労働者ですが、これが不断に高度化していくので、１００投じた資本のうち90が生産手段、10が労働者に対する賃金となる。これが高度化していくことにより、相対的過剰人口がどんどん増えていく傾向がある。そして、そこから窮乏化を説くのです。

宇野はそこに固定資本の問題を入れたのです。資本主義が確立した後も固定資本があるから、不断の有機的構成の高度化にはならないとした。既に投下した固定設備を使いながら、その上に追加投資をしていく。そうすると雇用量は必ず増えていく。首切りが増えていくわけではなく、むしろ過剰人口を吸収していき、賃金上昇という傾向が出てきて、これが恐慌の原因になるとした。これが宇野恐慌論の真髄です。固定設備を入れたことによって蓄積論の前提として、不断の高度化を伴う蓄積ではなく、有機的構成が基本的に変わらないまま蓄積が拡大していくとした。これが好況期の蓄積のパターンであり、その下で労働力の需要が増え、雇用が増え、労働力不足―賃金上昇―資本の過剰になるという説明を行なっています。

**佐藤**　さきほども紹介した『資本主義の経済理論』の211ページから217ページまでがそれに該当します。それから、固定資本と流動資本を固定的に考えないで機能で考えることが重要です。ウシは固定資本か、流動資本か。ニワトリは固定資本か、流動資本か。この質問に対し、すぐに答えてしまう人は固定資本、流動資本の概念がわかっていない人です。そのウシが肉牛であるか、乳牛であるか、肉牛だったら種牛かどうかという確認をとる必要がある。それが1回で食べられてしまうもの、つぶされて肉になるものだったら流動資本であり、種牛、もしくは乳牛だったら固定資本になる。ニワトリでも、ブロイラーで1回で食べられてしまうものだったら流動資本であり、卵を生むために飼っているのだったら固定資本となる。

こうして見ると、マルクスのこういうものの見方というのは実は仏教の関係主義的な見方に近いですね。一つのものを固定的に見るのでなく、こちらから見ればこう見えるが、違う側から見れば違って見える。どういう機能を関係性の中で果たしているかで判断する。こういうところがマルクスの面白さです。

**鎌倉** 『資本論』第2巻第9章に「前貸資本の総回転。回転の循環」が出てきます。ここでマルクスは、「回転循環」という言葉を使いながら恐慌の周期性の話をしています。そして、すべての恐慌は新しい出発点、新しい固定設備の投資が行なわれるとしている。固定資本の償却期間が恐慌の周期性の根拠にあるという指摘をしているのですが、残念ながらこれがマルクスの蓄積論に生かされていないのです。これを宇野弘蔵は、蓄積論、恐慌論に生かしたのです。

そして、『資本論』第2巻第3篇を、宇野弘蔵は『経済原論』第3章第3節「社会総資本の再生産過程」に位置づけるとしています。『資本論』第2巻第3篇「社会的総資本の再生産と流通」は再生産表式、経済原則を明らかにしたところです。そこの中で資本主義の特徴は、需給関係は不断に不均衡であり、どれだけ需要があり、それに応じて供給を計画的に行なうかということで生産をやるわけではありません。『資本論』第2巻は、社会主義計画経済で決定的に重要だったのですが、これまでの社会主義国家はこれを全く生かしていないのです。

社会主義計画経済で何が必要かというと在庫です。生産在庫か消費在庫で、在庫をきちっと準備していないと生産が継続できない。レンガを積んで家を建てようとしても、レンガの在庫がなく放置してしまったり、在庫品奪い合いの争いをやってみたり、計画経済どころの話ではなかった。そういう問題を考えると、『資本論』第2巻は回転期間、在庫の問題等で重要な部分ですが、それらを含めて第2巻第3篇は社会的再生産の原則を示しています。必ず一定の生産手段と生活資料をきちっとつくっていかないと社会は構成できない。それを資本主義は無政府的な競争を通しながら、需給関係の変動、価格の変動、ときどきは10年周期で恐慌を起こしながら充足していく。この充足していく条件を明らかにしたのがこの第2巻第3篇です。

**佐藤**　再生産表式のところで1点だけ補足します。『資本論』を読んで再生産表式でみんながつまずいてしまう原因の一つは、例示で数字がたくさん入っていることだと思うのですが、私はあの数字は全部飛ばしていいと思います。要するに、書いていることは均衡条件ですよね。その点については、鎌倉先生の『資本主義の経済理論』225ページから231ページ「生産部門間の均衡条件」にわかりやすく書いてあります。『資本論』では、数字のいじり方などでも若干錯綜しているところがあるので、実はわかりにくいのです。ちなみに、共産党系のいわゆるマルクス主義経済学者は、なぜかこの再生産表式に大変な魅力を感じ、ここのところから恐慌を導こうとか、革命が導けるのではないかとか、いろいろなことをやっていますが、そういう魅力があの数字のなかに隠れているのではないかと思います。数字が入っていることで異常な魅力が出てくる。しかし、鎌倉先生のようにきれいな均衡条件で整理すると、ああ、そんなものなのかという感じになります。

**鎌倉**　計画経済にとって、ここのところは本当に重要だったのだと思うのですが、それを生かしていないですね。

## 地代論の位置づけ

**鎌倉**　『資本論』第3巻にいきます。宇野は、『資本論』の資本主義的生産の総過程を「分配論」と規定しています。『資本論』第3巻はたしかに内容的には分配論だった。その分配論を宇野は表題にしたのです。しかし、私は分配論というのはいただけないなと思っていて、組み替える必要があると思っています。分配論というと、出てきた剰余価値を剰余価値生産に関わった地主を含めた資本家の仲間で配分し合い、賃金も下手をすると分配の中に入れるという議論もあるわけです。ここは分配というよりも、むしろ資本形態の発展という問題が中心ではないかと考えています。

資本形態の発展の中で資本の発展にとって一番妨げになるのが土地に代表される自然力です。だから資本は、自然力をどう処理するのかという問題です。

普通の生産手段でしたら、機械などは技術開発をやり、あとは金の問題になるわけです。どうやって開発した技術を導入していくかということで、直接は限界はないのですが、自然力というのは資本がつくれないものです。資本は自然力をつくれないが、自然力を前提にせざるを得ない。では、どのように自然力を資本がうまく活用できるのか。活用しようとしてできないのはどこに原因があるのか。この問題を分配論として説明するのは難しいのではないか、と思っています。

意識的にと思うのですが、宇野弘蔵は『経済原論』（岩波全書）の構成で、利潤論の次に地代論を置くことで、地代論に重要な位置を与えたのではないかと思います。

地代論はマルクスも位置づけに苦労しています。最初は超過利潤論でした。生産手段として自然力の土地を使います。普通の生産手段であれば改良できるから競争はできますが、土地は限定されている。いい土地を使うといっても、使える土地は限定されているわけです。土地を使って超過利潤を形成しても、自分で技術開発をやったわけではないから、自分の努力で超過利潤を得たわけではない。したがって、その土地を持っている人に超過利潤を地代という形で支払わなければならない。その意味で地代論は超過利潤論です。資本にとって自由にならない自然力を使うことにより、その自然力の所有者に地代を払わなければいけないということです。

この理論はマルクスの前にリカードがほとんど仕上げていました。それをベースにしたからマルクスの地代論はかなり前から整理されていました。ところが、それだけではこの問題は片づかないわけです。地主、土地所有者という存在があり、土地所有者が超過利潤が得られていない資本家に対しても分配を要求する。つまり、「おまえ、土地を借りる以上は俺に必ずなにがしかの地代を約束しろ」と要求する。これを絶対地代と言います。差額地代は、超過利潤が得られたときに払う地代です。絶対地代は、地主、土地所有者の力で獲得する地代です。そして、地代を獲得するためには、つくった農産物の価格を高める。市場価値以上の価格をつり上げ、そこで得られた利潤を自分によこせということになるわけで、地主の力で土地・自然を使ってつくる生産物の価格が上昇してしまうのです。

これが地代論の中の一番難しいところです。マルクスもこれを解明しようとずいぶん努力したようです。価値の範囲内という問題です。詳しい説明は省きますが、絶対地代論とは、地主の力によって農産物価格を左右するということですから、これは独占地代と同じような関係になるのです。しかし、資本家間にも競争があるので必ずしも独占ではありません。ここではそういう問題があるということだけ押さえておきます。

## ヘーゲルの失敗

**鎌倉**　問題なのは土地を誰が所有するかということです。土地所有の根拠はどこにあるのか。これについてマルクスは、第6篇地代論の第37章（緒論）で（注26）を入れました。ここでは詳しく説明できませんが、ヘーゲルの土地所有のとらえかたについて、マルクスが揶揄《やゆ》している部分があります。「私的土地所有に関するヘーゲルの説明以上に滑稽でありうるものはない」。つまり、ヘーゲルは土地所有を説明できなかったのです。法律で決まっているから土地所有者がいるのだという説明しかできなかったわけです。

では、マルクスは土地所有をどう説明したのか。農業資本家も産業資本家の一種です。なぜ資本が土地を所有しないのかということについて、マルクスは集中的に説明していませんが、第6篇地代論の全体を通して非常に重要な指摘をしています。そこのところを私たちは吸収しなければならないと思います。そして、宇野弘蔵はそれを基本的に論理的に説明したと私はとらえています。

土地所有の根拠は何なのか。売買です。お金を払って土地を買うということです。今、それを前提にしてREIT（土地信託）などというものをやっていますが、あれは土地所有を証券にして証券売買をやっているわけです。

土地所有というのは、もともとは土地そのものの売買で、金を払って土地を買うということであり、金を払うことで地価というものが存在する。そうすると、土地の値段とはいったい何かという問題になります。土地は労働によってつくられたものではありません。では、土地の価格はなにによって決まるか。マルクスはこれを、地代を資本還元して形成されるとしました。地代が何かの元本の利子であるかのようにみなして元本の価値が擬制される。つまり、擬制資本が地価なのです。株価の場合は、配当を元本から見た利子とみなしてつくり出された擬制資本ですが、地価は地代をある元本が形成した利子とみなし、その利子を形成した元本価値＝擬制資本を地価とみなす。そこで地価は擬制資本であるという明快な説明です。これをマルクスは緒論で既に説明していたのです。

そこで問題なのは、資本家が土地を買うのか買わないのかということです。マルクスは、この問題も統一的にまとまった説明をしていないのですが、たしかに土地を買う場合もある。しかし、一般的に資本家は土地所有者にはならないのです。なぜか。たとえば、固定資本として機械に投資をした。その機械は固定資本だから償却を通して回収されます。それに対し、１億円払って土地を買った場合、土地は使う過程で償却されるか。生産物に価値を移すかというと、一切移しません。土地の価値は生産物価値を形成する要因にはなりません。マルクスは、このことを説明しているのです。

そうすると、お金を払って土地を買った場合、回収するにはどうするかというと、売るしかない。つまり、土地を売って所有者でなくなるしかないのです。それが、一般的には資本家が土地を買わない理由の、一つの説明です。それを踏まえ、では土地を買った場合、資本にとってメリットはなにか。土地を借りる場合には地代を払わなければいけない。絶対地代はかなり厳しいですが、払うしかない。地代というのは地価から見て基準は利子です。

## 資本は土地を持たない

**佐藤** そうすると、たとえばいま利率を5％とします。その5％のところで地代が年間10万円だとしたら、その土地は200万円の価値を持っていると擬制されるわけですね。

**鎌倉** そういうことです。200万円という資本を持っていて、

200万円を産業資本として投下したら、一般には利子率以上の利潤が得られるはずです。利子率よりも利潤率は一般的に高いわけです。お金を借りて利子を払って生産を拡大するのに、利潤率よりも利子率のほうが高かったから赤字ですから、お金を借りる人はいないでしょう。

**佐藤**　理論的にはいなくても、コミック『闇金ウシジマくん』（真鍋昌平作、小学館）の登場人物のように借りてしまう人が出てくるわけです。ですから、合理的に考えると起きないことが起きてしまうのが消費者金融の世界です。あれはまさに消費者金融で、あれを商工ローンのような形で資本家が借りたらいけない。利潤を明らかに超える利子なんていうものは借りたらいけないのです。

**鎌倉**　経済原論の前提から言えば、投下した資本に対しては利潤率に相応する利潤、借りた金については利子、この利潤と利子とを比べれば利潤率のほうが一般的には高い。そうなると、資本は土地をわざわざ買う必要はないのです。土地を借りて利子を払えばよい。これはお金を借りるのと同じで、利子は払うけれども、自分の資本は利潤を生む資本として投下する。だから資本は土地所有をしません。土地所有は資本の外部にあることになるわけです。

擬制資本にお金を投ずることの意味は、株の配当目当てのようなものです。ほとんど基準は利子だけれども、利子率よりも少しましだからというので株を買う。それと株の譲渡益、これが株を買う基本です。その場合は株式を売って資金を調達して、それを現実資本が利潤生み資本として運用するわけで、必ず利子率よりも高い利潤を生まなければそういう活動はしません。それと同じで、土地を買ってそこに金を使うよりも、資本として投じて利潤を生むことで土地は借りておいたほうがいいと考える。だから、資本（現実資本）としては土地を所有しません。産業資本自身が土地にお金を投下しないからです。では日本の場合、なぜ大企業が土地所有者になったのか。この問題は現状分析の重要な課題としてあると思います。

## 人間は〝もの〟にならない

**鎌倉**　最後の課題に移ります。さきほどの土地所有の議論を踏まえて、宇野「原論」の第3篇分配論の基軸は土地所有論にあったのではないかと考えられると思っています。土地所有論を展開しようとしたら、必ず擬制資本論を確立しなければならないのです。これが宇野「原論」の最終局面になります。資本の最高形態は理念としての「それ自身利子を生むものとしての資本」であるということです。

マルクスの『資本論』では、「貸付資本」と「それ自身利子を生むものとしての資本」の違いが必ずしも明確ではありませんでした。第3巻第5篇第21章から24章の説明です。宇野弘蔵は、資金を貸し付けて利子を獲得する貸付資本に対して、持っているだけで利得を生む資本、ナシの木がナシの実をつくるように、それ自身が増殖していく資本。それを「それ自身に利子を生む資本」ととらえたのです。

『資本論』では5篇24章でそれを説明しています。ただし、『資本論』は貸し付けて利子を取るという、現実に銀行がやっている貸付資本とそれ自身利子を生む資本とを明確に区別せずに論じたので、その違いが明確にならなかったのですが、宇野弘蔵はそれを明確に区別しました。

ただ、「それ自身に利子を生む資本」というのは、資本家の観念です。

資本の理想形態・理念です。それはそのままでは現実化しないのです。現実化させようとすると擬制資本としてしか現実化しない。ここが宇野「原論」の決定的な最高の成果ではないかと私はとらえています。それを踏まえて資本の限界、これ以上資本は発展し得ないとする。擬制資本まで到達した資本は、デリバティブとか、いろいろな種類のものまでたくさん出ますが、本質は擬制資本であり、そこの部分は変わりません。そういう擬制資本が、資本の最高の発展形態の具体形態だとしている。これが資本の発展の行き止まりなのです。この行き止まりが、同時にその反面として労働力の物化、人間の物化に関連する。

資本家の観念としては人間そのものを擬制資本化したいのです。ところが、それはできません。売ってもその代金はその人には入らない。だから資本家の観念に止まり、現実、具体化もできないことになるわけです。これを第5篇第29章の「銀行資本の構成部分」というところでやっています。これはエンゲルスが付けた表題なので、銀行資本の構成部分の中でまさか擬制資本が展開されているなんてとらえず、多くの人は読み過ごしてしまうのですが、ここは注意深く読んでください。そこで擬制資本の基本が明らかにされています。そこの説明は国債と株式と人間の商品化ですが、人間自身の商品化は現実にできない。人間はものにならない。他人の所有物にならないということです。

## 三大階級を考える

**鎌倉**　これをもって原理論は最終的に完結することになります。続く階級論ですが、資本主義は現実に「三大階級」とされています。土地所有者も土地という擬制資本の所有者です。資本所有は、果実は利子です。しかし、どうしても労働者が労働をして稼ぐ賃金を対極に置かざるを得ない。そこで階級関係は三大階級であるが、所得範疇から言うと二元論になるのではないかと私は考えます。宇野は「諸階級」の最後の節でいろいろ述べていますが、その点は不明確でした。

ここが宇野「原論」の限界かと思うのですが、三大階級が成立するのだから所得源泉も、三位一体――、資本―利潤・土地―地代・労働―賃金となる、という説明をしている。しかし、これは所得範疇から言えば二元論になってしまうのです。資本も土地も「擬制資本」となり、その所得は利子となる。しかし「労働」所得（これも搾取者の「労働」と搾取される「労働」が一体化されますが）はなくならない。だから、財産所有・利子と労働・勤労所得という二元論になるのです。

所有資源は一元化しえない。株式で労働者も全部モノにして売買の対象にして資本主義は完結したいのです。労働者を奴隷のようにモノにして売買の対象にするという考え方ですが、現実にそれはできない。資本としても擬制によるしかないわけで、労働者は擬制資本にもできない。労働者は雇われて労働する以外に賃金を獲得できないし、生活もできないのです。全部の労働者が株を所有しその所得で生活できるようになったら、一元的に株式所有―利子が成立することになり、資本主義は万々歳です。しかし、それは絶対にできません。

80年代後半、バブル経済で株価がどんどん上がったときに、労働組合も株を所有したほうが賃上げ闘争をするよりいいという発想から株を所有したケースもありました。しかし、労働者全員が株を所有して、働く人がいなくなったらどうなるか。株の値段も付かないで終わりです。所得範疇は、三大階級の現実的な隠蔽形態です。しかし隠蔽形態も一元化はできないので、そこに資本主義の階級関係の現象形態の特徴があるのではないかと考えています。

## なぜ階級なのか

**鎌倉**　最後に今日の話の全体のまとめです。原理論の論理が明らかにしていることを総括すると、最初は流通論です。資本主義経済の現実の主体としての資本の論理的解明ととらえることができる。「流通論」は資本の解明、「生産論」は資本対賃労働の基本的関係の理論的解明である。その根本条件は労働力の商品化と価値・剰余価値生産です。ですから、「生産論」は資本・賃労働関係論。宇野弘蔵「分配論」は資本・土地所有者関係の理論的解明である。このようにとらえると、『資本論』体系全体、あるいは資本主義経済の「原論」体系全体は、階級論となり、なぜ階級なのかの理論的解明であると総括できるように思います。

なぜ三大階級なのか。そして、階級関係を形態的に解消をしようとしながら、それができないのはなぜか。資本主義の民主主義は、労働者・資本家を含めて財産によって選挙権が与えられていたのが、成人であれば財産に関わりなくすべての人に選挙権が付与されることになった。労働者も含め、一定の共通の権利、いわば人権となったわけです。ところが、法的に人権が保障されても、生活保障の現実の根拠である所得は、財産所有所得を得ている連中と労働所得を得ているものとに二分化されている。

ピケティの話はこの問題にも関わってくるのですが、彼は財産所有・所得が経済成長よりもはるかに高い成長をもって実現しているという話をしながら資本主義の一定の限度をとらえていますね。しかし、それは資本主義の階級関係を明確にとらえた議論ではありません。現象的な二元的所得をとらえた議論です。いずれにしても、これから内容的に『資本論』を踏まえながら、この話をさらに具体化していかなければいけないと思っています。

## 『資本論』と国家

**佐藤**　駆け足でしたが、『資本論』のエッセンスを効率的に説明してこられたと思います。ここでプラスして言わなければいけないことがあります。重要なのは、ここで語られていないことです。ここで語られていないこと、一つは法の問題です。資本主義システムを安定的に発展させるためには法的な関係が必要である。法といっても刑法でなく、むしろ民法から発達してくるほうの経済法です。

もう一つは、そこのところと国家が結びついてくるというところです。実は『資本論』の中で国家の話は出ていないのです。『資本論』は国家がなぜ生まれるかについて説いていません。そして、宇野学派のなかで、国家を導き出していく試みに取り組んでいるのは鎌倉先生だけです。

鎌倉国家論は宇野原論の鎌倉先生のまとめ方と表裏一体の関係にあります。段階論と宇野が言っているところの話で、経済政策という形から国家の話に入っていかなければいけない。ピケティなどの混乱も、宇野のような三段階論をとっていないところに根源的な問題があるわけです。

現状分析を、一つの理論で分析できるように考えてしまう。ですから最初の方法論とも関係しているのですが、その辺まで話を広げるとこの限られた時間ではできませんから、ここで質疑を受けたいと思います。

## 欲望は商品にはいるか

**受講者**　『資本論』の交換過程の中で「商品の本性の諸法則は商品所持者の自然本能において自分を実証したのである」と書かれています。商品の中に人間の欲望も入っているように読めるのですが、そうでしょうか。

**鎌倉**　交換過程論で人間が出てくるという議論と、価値形態論は人間でなくモノと交換するような話ですが、商品所有者抜きの商品なんてあり得ないですね。商品所有者の本能に基づくというのは、俺は商品を持っている、それは商品に必ずしなければいけない、交換を実現しなければいけないという意味です。商品の本質を商品所有者は実行しなければならないということです。

**受講者**　労働による商品も労働者がつくった商品ですよね。商品の諸法則がやはり労働者が所有者であるから……。

**鎌倉**　売り物として売らないと賃金が得られないで生活ができないから、絶対売らなければならない。それが商品所有者としての行動です。

**受講者**　商品の持っている諸法則が一人勝ちしたいというような、相手を負かして自分が勝ちたいというような本能がありますよね、商品には。そういう意味で労働者がなかなか団結しにくいというか、そういう物質的な条件がそこにあるのかと思うのですが。

**鎌倉**　それはたぶん交換を通して金が得られるという、お金の魅力ですよ。それで高く売れる商品にしたいと自分も考えてしまうんですね。モノの場合は人間がそれを対象として使えますから。モノを売買するのは不思議でもなんでもない。しかし、自分の持っているものを自分で使わないで売って、他人の勝手な使用に委ねる。それが労働力の商品化なんですよね。これはどうですか。当たり前ですか。

**受講者**　いや、当たり前とは思いません。特殊な事例だと思うのですが、商品所有者としての本能のようなものがそこに入ってくるのかと思うんです。

**佐藤**　たぶん、これは前後関係からすると本能という考え方ではないと思います。というのは、「わが所有者たちは困り果ててファウストのように考える。『初めに行いありき』……」とありますが、これは『ファウスト』※（ゲーテ作）の第1巻の最初のメフィストフェレスが出てくるところです。メフィストフェレスが出てくる直前のところで、聖書をギリシャ語でファウスト博士が開いて、それをギリシャ語から翻訳する。そして、logosという言葉が出てきたところで四つの翻訳をしますよね。最初にWortで翻訳をする。そうすると、私は「言葉」を信じないと言う。その後でSinnで翻訳する。私は「心」も信じないと言う。最初はギリシャ的なlogosです。2番目がヘブライ的な「心」です。3番目はKraftで翻訳するのだけれども、「力」とも違うだろうと言って、最後にTatと言って「行い」という説明をする。

これは田辺元《はじめ》※が『哲学入門』（筑摩書房）のなかで言っているのですが、ギリシャ的な「思惟」、次がヘブライ的な「思惟」、Kraftというのが近世的な「地位」、そしてモダン的な「行動」の中というわけです。これ



**『ファウスト』**
ゲーテの長編詩劇。1808年～32年刊。〈第一部で、ファウストは悪魔メフィストフェレスと契約を結んで享楽におぼれ、少女グレートヘンを悲劇的な死に追いやる。第二部で、その罪をあがなうために社会奉仕の人となり、ついに救われて昇天する。〉（大辞林）

**田辺元**
**（1885年～1962年）**
哲学者。京都大学教授を務めた。〈マルクス・ヘーゲルの両弁証法を乗り越えようとして絶対弁証法を構想して「種の論理」を主張、これが戦争正当化の論理となったため、戦後は自己批判し、一転して親鸞を中心とする宗教哲学を研究。著「社会的存在の論理」「ヘーゲル哲学と弁証法」など。〉（大辞林）

から踏まえると商品というものは、実際に交換プロセスの中で入っていくという、その行動で動いていく運動の中にあるので、非常に近代的な文脈の中にあるのだということだと思います。

ですから、なぜここでTatという言葉を『ファウスト』のところから出してくるかというと、四段階のなかの最初の三段階は理屈で分析するということではない。それから、心象の動きで分析するということではないと、マルクスの文脈からするとそこのところではないかなという気がするのです。ですから、近代的な商品だという読み方の文脈で読めるのではないかと私は思いました。

マルクスがこの種のことを言っているのは、衒学《げんがく》的なことではありません。マルクスが想定している読者は『ファウスト』を読んでいるから、ここのところで「行ない」と言った場合には、『ファウスト』のここの部分が出てくるというのが彼の頭の中にあると思います。「ヨハネ黙示録」がここに出てくるのも同じようなことです。そうすると、この商品が、近代的な資本主義から抽象された商品であるのだというところの整合性で読めるのではないかと思いました。

ちなみに今の引用の後で、最後に「小さな者にも大きな者にも、富める者にも貧しい者にも、自由な身分の者にも奴隷にも、すべての者にその右手か額に刻印を押させた。そこで、この刻印のある者でなければ、物を買うことも、売ることもできないようになった。この刻印とはあの獣の名、あるいはその名の数字である」（「ヨハネ黙示録」※13章16〜17節）と言った後に数字で「666」が出てきます。例の映画の『オーメン』で出てくる数字ですが、これは皇帝ネロという数字をヘブライ語で足すと666になるわけです。権力のシンボルとするところであるというのですが、貨幣というものが現実的な力を持つのであり、それは皇帝ネロに匹敵するぐらいのすごい力を持てるのだということを文脈の中では言っているわけです。

ですから、マルクスが述べているところの文脈は、どうしてもユダヤキリスト教的な、なおかつドイツ的な文脈になるから、その中に落とし込んで読んでいくと、そのまま飛ばしているところが、そうか、貨幣というものはものすごい力を持つものだと言っているのだと読めると思います。

**ヨハネ黙示録**　新約聖書巻末の書。〈一世紀末に迫害に悩むキリスト教徒を励まし慰めるために書かれたもので、新しい天と地の出現を黙示的に預言したもの。黙示録。〉（大辞林）

# 擬制資本とはなにか



**受講者**　伊藤誠※さんが、『恐慌論』（宇野弘蔵著、岩波文庫）の解説でも、自著『サブプライムから世界恐慌へ』（青土社）という本の中でも、「労働力の金融化」という言葉を使っている。これは擬制資本なのかと思っているのですが、鎌倉先生が書いていらっしゃる『「資本論」を超える資本論』という本で、189ページあたりからずっと書いていらっしゃる擬制資本のところで、労働力は擬制資本にならないのだというところがあります。また、佐藤さんとの対談の著書『はじめてのマルクス』（金曜日）にも、これは違うのだという部分があります。私は『資本論』は第1巻しか読んでいないので、マルクス主義的なとらえかたをしたのだろうと思うのですが、伊藤先生が書いていた労働力の金融化というのはたぶんこうだろうと思っています。

つまり、資本家というのは労働力に対し労賃を支払う。労働者はその労賃で自分と家族の生活資料を購入して労働力を再生産する。労働者はまとまった資金を、三浦つとむ風に言えば「第二の生産」、つまり消費

**伊藤誠**
**（1936年～）**
東京大学名誉教授。『伊藤誠著作集』（社会評論社）、『サブプライムから世界恐慌へ——新自由主義の終焉とこれからの世界』（青土社、2009年）がある。

という対立物の統一として把握した。労働者はまとまった資金で家や車という生活資料を手に入れることができる。そして、労働者は将来にわたり労賃でローンの残高を分割して20年、35年といった支払いをしていくということですね。だから、まだ売れていない労働力の商品を信用イコール金融、擬制かと思います。これで売れたことにして擬制資本が成り立つのだと私自身は受け止めたのです。

そして、日本の場合は実際に消費者ローンや住宅ローンを合わせると200兆円という大変な数字になっているわけです。これを一種の擬制資本と見ていいのかと思ったのですが、どうでしょうか。その後いろいろ読んでいくと、労働力商品は物化できないのだ、人間というのはモノにはできないのだということがわかったのですが、その点について教えていただければと思います。

**鎌倉**　伊藤君が指摘する労働力の金融化は、擬制資本ではないですね。簡単に言えば、自分の金で消費するだけでは十分生活できないから、お金を借りて耐久消費財を買う。というよりも耐久消費財の販売は売り手側の問題です。1920年代の米国から始まり、自動車と住宅の販売で一般化してしまい、労働者は借金漬けになる。その借金漬けの状況を言っているだけです。別に自分を擬制資本として売るとか、売買の対象とするとか、そういう意味での擬制資本としてとらえているのではないと思います。

ただし、これは重要な問題です。そこにサラ金が襲ってきて、借金が返せない、利子が払えなければ逃げなければいけないが、逃げられませんので破産します。自己破滅に陥るわけです。それが特殊な現象ではなく、非常に広範な、一般的な現象として起きている。

**受講者** 労働力商品化の理論が宇野経済学の要諦だと思いますが、労働力の金融化を伊藤誠先生が宇野経済学の本流のような形で書いています。伊藤先生の立ち位置はどこにあるのかと思ったりしました。

**佐藤** その点で、伊藤さんと鎌倉さんは対極的なところにあると思います。労働力商品が貫徹しているのが資本主義社会です。これに対して労働力の金融化というのは『闇金ウシジマくん』の世界だと思います。さきほども紹介した『闇金ウシジマくん』という漫画があります。映画化された作品ではＡＫＢ48の大島優子（当時）が出ています。舞台は、埼玉県の東大宮あたりがモデルになっていますから、鎌倉先生や私などにとっては土地勘のある場所です。

内容は、借金を払えないとこう言われるような話です。「おまえは今度、東南アジアのほうに行ってもらいたい。あそこで臓器移植をやるんだけどメイド・イン・ジャパンが好きなやつがいるから、そうするとおまえの汚い内臓でも売れれば処理できるから」

この場合、人はちゃんと商品になっている。あるいは「オホーツクのほうにロシアマフィアとの関係があるので、漁船に乗ってもらおう。生命保険を掛けて、使い物にならなくなったら海にドボンと突っ込むぞ」という話です。これはドラマの世界ですが、ここにおいては完全に人間が商品となっているわけです。これは通常の資本主義国家においては全部違法行為になりますが、逆説的なファンタジーのなかでそういうものが出てくるのは面白いと思います。

あと、生命保険は一つのわかりやすい形だと思います。本人が受領することはできませんが、あなたの価値がいくらですということで、とりあえず市場で価格を付けることはできる。ちなみに、私は慢性腎臓病を持っていますから生命保険に入れません。ですから、資本主義において、私の体はそれ自体では全く価値がないということです（笑）。

## 理論を誤ると社会も誤る

**受講者**　鎌倉先生の労働者を主体とした社会主義とはどんなものでしょうか。最後の段階論を通して現状分析をして、それから伺うことかもしれません。それと今の安倍政権は非常に悪いから、社会主義にもっていくには実践的にどういう形でやるか。１冊の本になる内容かと思いますが、ポイントをお話しいただければと思います。それと、できたらソビエト崩壊も含めてお願いします。

**鎌倉**　それはちょっと時間的に無理ですね。社会主義についてやるとなると相当大変ですが、基本的には今日の実体論と関わらせて言えば、実体の担い手が現実の主体になる。実体のところで話したように、分業・協業が行なわれていますよね。それぞれの仕事の分担をしながら社会を構成する全体がどのように生存を維持し、発展していくか。それぞれが任務分担をしていきます。実体をそうとらえながら実体の担い手、主体が現実に主体として活動する社会、それが社会主義である。基本的にそういうとらえかたをしています。

ソビエト崩壊については、これから議論していかなければいけないと思うのですが、基本的に社会主義は指導理論が政策化できるのです。それで、指導する理論が間違っていると間違ったことが即実践化されてしまい、政策になってしまうのです。だから、スターリンの素朴な唯物史観の考え方をそのまま実行して、生産力をどんどん発展させていけば、おのずと人間の意識も変わっていくようなことになってしまった。理論の誤り、それが現実にも社会を誤らせたということではないかと思います。

## 章末付録

第3回講義のレジュメ
宇野による『資本論』の組み替えとその意味
（鎌倉孝夫『資本論を超える資本論』第I部第1章第2節）

1『資本論』第1巻第1〜4章を「流通論」に。

（1）『資本論』第1巻第1〜4章は「第1巻　資本の生産過程」の中に、その「序論」的部分として位置づけられている。これによって「商品、貨幣、資本」の理解に、重大な問題が生じた。

①商品・貨幣・資本が、交換・流通上の関係＝流通形態であること、しかもこの形態が、資本主義経済を特徴づける、しかもこれを動かす主役となる要因・関係であることが不明確となる。

○形態としてとらえても、それは本質＝労働の現象形態としてとらえることになる。
○商品生産（小商品生産）→資本主義生産というとらえ方。流通が生産を支配するというとらえかたが不明確。
○価値尺度としての貨幣（内在的尺度＝労働時間の現象形態というとらえかた）
○資本は流通運動であること、とくに資本主義以前の商人・高利貸資本のとらえかた。産業資本も本質は同じであること、が明らかにならない面。

②労働の二重性（第1章第2節　商品に表わされた労働の二重性）の理解。
○どのようにしてどんな労働か—「具体的有用労働」・労働の質。どれだけ、継続時間—「抽象的人間労働」・労働の量

→具体的有用労働―商品の使用価値を形成
　抽象的人間労働―商品の価値を形成
→「抽象的人間労働」を商品を生産する労働（価値形成労働）であるように限定してとらえる誤解。
→第5章　労働過程と価値増殖過程のとらえ方に関わる問題
○マルクス自身労働の二重性を超歴史的な人間労働の特質ととらえている。第1章第4節「商品の物神的性格とその秘密」で。（ロビンソンの労働、ヨーロッパ中世の農民家族の労働、自由な人々の結合体での労働、すべてに存在する。）
③貨幣・資本を「特殊な生産関係」ととらえる問題。
（2）宇野「原論」による第1〜4章を流通論とする組み替えの意義
①商品・貨幣・資本は流通形態―とくに資本は流通運動であること、形態を形態ととらえる規定・論理の明確化
○特定の生産関係とは関係ないこと。
○資本主義経済の特質として、とくに流通運動としての資本が現実の主体であること。
②価値形態―貨幣形成の論理。貨幣による商品の購買機能が価値尺度機能。（労働時間は価値の基礎であるが、商品価値の尺度にはならない。）（注50の指摘）
③流通運動としての資本が労働・生産過程＝実体を包摂する論理。その包摂は特殊歴史的条件（資本の本源的蓄積）なくしては実現しえないこと。
④実体を実体としてとらえる、これが決定的に重要。
○労働過程・生産過程＝すべての人間社会の生存・発展の根拠（実体）

○実体としての労働・生産過程における人間労働の二重性の明確化。
○資本の生産過程は「物」による「物」の生産ではない。「物」と「物」の国間関係ではない―人間の営みとしての労働・生産活動が、資本運動の根拠である。
⑤宇野「原論」―残された問題
○「復元力」？ 資本の生産過程を「予定」する？
○「同質性」としての価値規定。商品―出所を問わない。労働生産物とは限らない。労働力、土地、株式・証券 etc.
○唯物史観的方法を尊重したことの問題。

2『資本論』第2巻「資本の流通過程」を「生産論」の中に組み入れる（生産論の第2章「資本の流通過程」として）

（1）『資本論』第2巻に関わる誤読
①「資本の流通過程」を、W'―G'（固有の流通・商品流通過程）ととらえる。
○マルクスにもあったけれども―叙述の進展で変更される。
○流通が剰余価値の源泉―剰余価値の本質隠蔽ととらえる。
○第2巻第3篇「社会的総資本の再生産と流通」を恐慌論としてとらえる。
（2）第2巻の主題、産業資本の循環と回転。
①これは、生産過程（実体）を包摂する資本（産業資本）の実体包摂上の条件（形態的条件）と特徴を明らかにしている。
②循環の三形式
○貨幣資本の循環―商人資本的性格―だけではない。

○実体・生産過程を包摂―生産資本の循環、雇った労働者（買入れた労働力）はそれ自体価値物ではない→必ず「労働」させ商品（売れる物）を生産させなければならない。―可変資本・不変資本の概念。
○一社会を形成する条件、社会的再生産に不可欠な生産物（商品資本として存在）を資本自体が生産・再生産する―商品資本の循環→再生産表式（2巻3篇）
③回転期間
○資本が投資され、剰余価値を伴なって環流するまでに時間がかかること。資本の回転
○一回転で回収できる資本―流動資本
一回転で回収できない資本―固定資本
○回転期間―生産期間、労働期間、流通期間
○在庫（生産在庫と流通在庫）―生産連続に不可欠な準備金（遊休資金）→信用制度
（3）宇野「原論」の組み替えの意義
①「資本の流通過程」の主題を循環・回転として明確化（この表題は変更が必要）→社会主義計画経済にとって生かしうること。
②固定資本投資による回転の制約
○資本の蓄積過程―不断の有機的構成高度化にならないこと。資本主義が確立しても、有機的構成不変の蓄積がある→恐慌の必然性
○第2巻第9章「前貸資本の総回転。回転循環」の意義の明確化―恐慌の周期
③2巻3篇を「生産論」第3章第3節に位置づける。

○恐慌論ではない。恐慌を含む景気循環の法則を通して社会的経済原則を充足しうること。

3 『資本論』第3巻　資本主義的生産の総過程を「分配論」とし、第2章に地代論を位置づける。

（1）「総過程」の内容は―「全体として見られた資本の運動過程から生ずる具体的諸形態を発見し、説明すること」としているが、利潤（産業資本の利潤、商業資本の利潤）、貸付資本利子（企業利得）、地代、「諸収入とその諸源泉」―階級論が説かれている。

宇野はこの第3巻を「分配論」（剰余価値の利潤、地代、利子への分配、それを規制する法則）として整理した。

（2）地代論、土地所有論の位置づけ。「分配論」の中心として位置づける。

①地代論―直接には土地、自然力の生産性のちがいに基づく超過利潤に基づいている。

○しかし利潤論としての地代論では、土地所有は説けない。土地価格（地価）形成―土地の売買を通さないと、説けない。

②土地所有の確定（第3巻第6篇注26）

○土地価格（地価）の形成―地代を利子率で還元して形成される擬制資本として。利子率形成を前提。

③資本と土地所有―資本は土地を所有しない。その理由は→土地所有者階級形成の根拠

（3）資本の最高形態＝理念としての「それ自身に利子を生むものとしての資本」

①貸付資本―利子と「それ自身に利子を生むものとしての資本」のちがい。後者は「観念」として形成される。

②その現実具体化は擬制資本（第3巻5篇29章）

③純粋資本主義関係においては、擬制資本売買は現実化しえないこと。

（4）「三位一体」→2元的所得源泉
①資本所有＝財産所有―利子。「労働（勤労）」―賃金
○擬制資本の対極としての労働力商品化・人間物化。
②原理論論理の完結性とその意味。

4　総括　原理論の論理が明らかにしていること

（1）「流通論」―資本主義経済の現実の主体としての「資本」の論理的解明。
（2）「生産論」―資本・賃労働関係の理論的解明
○資本主義経済の成立・発展根拠
○その根本的条件―労働力商品化（労働者の土地所有からの排除）
○剰余価値生産―その方法。蓄積―その方法
（3）「分配論」―資本・土地所有関係の理論的解明。
（4）なぜ三大階級なのか。―階級関係の形態的解消・限界
○そして支配階級は、財産所有―利子
○労働者階級は、経営者（官僚）とともに「労働」―賃金に。

## 巻末付録1
# 『資本論』全目次

第5篇 絶対的剰余価値と相対的剰余価値の生産
第14章 絶対的剰余価値と相対的剰余価値
第15章 労働力の価格と剰余価値との量的変動
第16章 剰余価値率の種々の表式
第6篇 労働賃金
第17章 労働力の価値または価格の労働賃金への転化
第18章 時間賃金
第19章 出来高賃金
第20章 労働賃金の国民的差異
第7篇 資本の蓄積過程
第21章 単純再生産
第22章 剰余価値の資本への転化
第23章 資本主義的蓄積の一般的法則
第24章 いわゆる本源的蓄積
第25章 近代植民理論

第2巻 資本の流通過程
第1篇 資本の諸変態とそれらの循環
第1章 貨幣資本の循環
第2章 生産資本の循環
第3章 商品資本の循環

第3巻 資本主義的生産の総過程
第1篇 剰余価値の利潤への転化と剰余価値率の利潤率への転化
第1章 費用価格と利潤
第2章 利潤率
第3章 剰余価値率にたいする利潤率の関係
第4章 回転の利潤率に及ぼす影響
第5章 不変資本の充用における節約
第6章 価格変動の影響
第7章 補遺
第2篇 利潤の平均利潤への転化
第8章 相異なる生産部門における資本の平等な組成とそれから生ずる利潤率の不等
第9章 一般的利潤率（平均利潤率）の形成と商品価値の生産価格への転化
第10章 競争による一般的利潤率の均等化。市場価格と市場価値。超過利潤
第11章 労働賃金の一般的諸変動が生産価格に及ぼす諸影響
第12章 補遺
第3篇 利潤率の傾向的低下の法則
第13章 この法則そのもの
第14章 反対に作用する諸原因
第15章 この法則の内的矛盾の展開
第4篇 商品資本及び貨幣資本の商品取引資本および貨幣取引資本への転化（商人資本）
第16章 商品取引資本

第6篇 超過利潤の地代への転化
第37章 緒論
第38章 差額地代。総論
第39章 差額地代の第一形態（差額地代Ⅰ）
第40章 差額地代の第二形態（差額地代Ⅱ）
第41章 差額地代Ⅱ—第一、生産価格が不変な場合
第42章 差額地代Ⅱ—第二、生産価格が低下する場合
第43章 差額地代Ⅱ—第三、生産価格が上昇する場合。結論
第44章 最劣等耕地にも生ずる差額地代
第45章 絶対地代
第46章 建築地地代。鉱山地代。土地価格
第47章 資本主義的地代の生成
第7篇 諸収入とその諸源泉
第48章 三位一体の定式
第49章 生産過程の分析のために
第50章 競争の外観
第51章 分配諸関係と生産諸関係
第52章 諸階級

# 巻末付録2

## 『資本論』の成り立ち

（1）『資本論』に至るマルクスの研究過程

1　初期マルクス

『経済学・哲学草稿』（1844年）

『ドイツイデオロギー』（1845年）

『賃労働と資本』（1848年）

『共産党宣言』（1848年）

2　『資本論』へ（※印はマルクスによる完成稿）

『経済学批判要綱』（7冊ノート）（1857～58年）

※『経済学批判』（1859年）

『23冊ノート』（うち6～15冊「剰余価値学説史」）（1861～63年）

『資本論　第三巻ノート』（1863～65年）

『資本論　第二巻ノート』（第Ⅰ稿）（1864～65年）

『資本論　第二巻ノート』（第Ⅲ、Ⅳ稿）（1865～67年）

※『資本論　第一巻　初版』（1867年）

『資本論　第二巻ノート』（第Ⅱ稿）（1868～70年）

※『資本論　第一巻　再版』（1872～73年）

※『資本論　第一巻　フランス語版』（1872～75年）

『資本論　第二巻ノート』（第Ⅴ～Ⅷ稿）（1877～78年、81年）

3　エンゲルスの編集により刊行

『資本論　第一巻　第三版』（1883年11月）

『資本論　第二巻』（1885年5月）

『資本論　第三巻』（1894年10月）

（第四巻は『剰余価値学説史』）

（2）全三巻を読むこと、叙述の発展をとらえること。

（3）論理（概念とその関連）を摑むこと。

あとがき

# 労働者や民衆が、平和で人間にふさわしい生活を実現するには

鎌倉孝夫

『資本論』の学習・研究を仕事としてきたものとして、その第1巻刊行150年の年に、このような本を出版できたことを、うれしく思う。

埼玉大学の学生のとき、『資本論』をはじめて読み始めたが、この本の内容を自分なりに理解しようと考えるようになったのは、大学3年（1954年）のとき、向坂逸郎先生の自宅での『資本論』学習会への参加からであった。大学院では、宇野弘蔵ゼミに入り、『グルントリッセ』を原文で読み、『資本論』を本格的に学習した。大学に職を得て、最初は経済学史、その後経済原論の講義を担当したが、講義は、『経済学批判』『剰余価値学説史』そして『資本論』に基づいたものであった。ゼミ、ゼミ合宿は一貫して『資本論』中心のマルクスの著作を使った。いまでも毎月2回、『資本論』学習会を続けている。

ということで何度も『資本論』を読んできたが、読むたびに新しく気付かされることもあるし、どうしても理解しえないところもある。それは圧倒的な文献・資料の読みのちがいによることで、その差は今更うずめようがないが、しかし理解しうるかどうかは理屈（論理）の問題なのだから、わからないはずはない、わからないのは『資本論』自体に問題があるからではないか、と思いながら、わからないところを読みとばしてわかったつもりになるのではなく、何とか理解しようと、ほとんど格闘という状況になっている。

例えば『資本論』第1巻第24章第7節でマルクスが提起している資本主義没落の必然性の説明。資本主義（資本家的私的所有）の下で、生産力が高まり、生産の労働は社会化する――マルクスは「事実上すでに社会的生産経営に立脚する資本主義的所有」となっている、この「社会的経営」と「私的所有」は両立しえない（社会的労働と私的所有の矛盾）、矛盾の解決は「社会的経営」に照応する「社会的所有」の実現にあるという。（しかしマルクスはその実現は、労働者・民衆の主体としての意識と組織的実践による少数化した資本家的私有の「収奪」による、といっているので、決して自然必然的な資本主義崩壊を唱えたのではない。）

しかしこの矛盾をそのまま理解できるか。「所有」の根拠から「労働」にあるとすれば――自分の労働で生産した生産物は自分の所有、だから労働者の社会的共同労働で生産した生産物は、それを生産した労働者全体の所有となる、ということになる。「労働」所有論を前提にすれば、理解できるとらえ方である。しかし、マルクス自身、この理解を否定している。――代金を払って買った物は、買った人の所有（私有）となる。労働者は、生産手段を奪われているので、労働力を持っていてもそれを自分で使用し（労働し）生産物を生産できない。市場経済の中で生活を維持しようとすれば、自らの労働力を商品として売ってカネを獲得する以外にない。労働力を商品として買うのは、資本（資本の担い手=資本家）である。資本は、代金（賃金）を支払って労働力を買った。これをどう使用するかは資本の意図によるし、これを使用して（労働者を労働させて）生産物を生産すれば、生産物は資本の所有となる――マルクスはこのことを『資本論』で解明した。代金を支払って買う――これが「私有」の根拠である。「労働力」に代金を支払えば「労働力」の使用は買った者の権利であり、その使用（労働）によって生産した生産物も買った者（資本）の所有になる。問題は、労働力の商品化なのだ。（マルクス自身、この点を第1巻第7篇第22章第1節で説明している。とくに「他人の不払労働または生産物を取得する」「資本家的領有に関し、「労働」所有論からは不合理、不当に見えるが、しかしそれは「商品生産の法則」の侵害ではなくその「適用」から生じるとした。労働力を買って労働させて生産した「生産物は資本に属して「その所有となり」労働者に属しない」と。）

今回『週刊金曜日』主催の佐藤優氏との対話による『資本論』講座では、私自身『資本論』を読み、理解してきた課題の基本的内容を、ほぼ全面的に話すことができた。まだ『資本論』の論理（概念の確立と諸概念の論理的関係）の内容自体には入っていない。それを理解するに当ってとらえておかなければならない前提となる理解を示すものとなっている。ほとんど私自身の考えを提起する内容になっていて、私としては満足しているのだが、編集部、佐藤氏にはどうだったか。佐藤氏は、ときに的確なjabやpunchで場をもり上げ、深い教養の一端も示されたが、言いたりないことがたくさんあったのではないか。

本文に示されているように、『資本論』を理解するに当って明らかにしておかなければならない課題として、第一に、『資本論』を唯物史観の資本主義への適用ととらえるのではなく、資本主義経済を論理的に解明する論理＝科学としてとらえること、第二に、科学としての『資本論』の論理の基本的内容は、資本を主語とした論理であること、第三に、この課題を基本的に確立したのは宇野弘蔵の経済学であること、を提示することである。若干付言しておこう。

第一の課題は、歴史観と論理＝科学とのちがいの認識である。歴史観は何より自分の思想に基づいて、対象を評価する――肯定あるいは否定する、ということである。しかしこの歴史観自体は主観であって、それが正しいかどうかをそれ自体としては示しえない。人間社会の成立・発展根拠を「労働者の労働」にあるととらえることに対し、カネが根拠だという主張が当然生じる。どちらの主張が、より普遍的根拠をもっているか。カネが基本だととらえる者も納得せざるをえない根拠はどこにあるか。それは「労働」の本質とカネの本質をとらえることにかかっている。人間の生存にとって、社会の存立・発展にとって絶対に欠かせないのは「労働」なのか、カネなのか。――これを知るには、知ろうとする対象(「労働」とカネ)自体の本質を鮮明することによる以外にない。つまり知ろうとする(あるいは肯定・否定しようとする)対象自体に即し、対象自体の性質をとらえることによる以外にない。これが科学なのである。

科学というのは、対象に対して主観の立場で評価(肯定・否定)するのではなく、対象自体を知ること、対象の性格、その成立・発展の根拠を知ること、これが論理なのである。

現実に存在する事象、人間が人間として生きる上に、絶対にあってはならない事象(戦争はその典型だ)、これは否定されなければならない。しかしどうしたらこれを現実に否定しうるのか。戦争を起こさない社会をどう築きうるのか。それをとらえるには、否定されるべき事態が、なぜ、どのような根拠で生じるのかを知り、その根拠を、だれが、どのようになくしうるのかを知らなければならない。第二の課題に関わるが、労働者・民衆を搾取・収奪し、その生活を破壊している元凶は、資本の支配にある。当然、この資本の支配に対する批判、否定の思想が形成される。しかし資本の支配を、不当でありなくさなければならないとしても、果してこの支配をなくしうるのかどうか、支配をなくすにはだれが、どこを、どのように変えなければならないかの認識に基づかなければならない。現実の社会を、その成立根拠としての経済を支配している資本――その支配の不当性を主張するのではなく、一体資本とはどのような本質をもつのか、資本の存立・発展はどのように行なわれるのか、資本自体はどこまで発展するのかを知らなければならない。労働者・民衆がその支配を否定し打倒しようとしている資本を認識する――資本を主語とした資本自体の成立・発展・その限度の理論的認識、これを基本的に確立したのが『資本論』なのである。

しかしいうまでもなく、資本の論理を認識すること自体によって資本の支配をなくすことはできない。また資本がどれ程その矛盾を現出しても、資本自らがその支配をなくす――転換させるということはない。だれがどのように資本の支配をなくすことができるのか、この認識が明確になっても、変革主体が変革実践行動を現実に起こさなければ、資本主義は変革されない。資本の論理の確立は、その論理の発展自体によっては、資本の支配を変革する主体の論理とそれに基づく行動の必然性はないことを明らかにする。科学としての『資本論』の確立は、変革主体の形成（主体としての認識）と主体的実践自体の意義を明らかにするものとなっている。

21世紀の世界の現実、多国籍金融資本の世界的な市場競争戦、まさにグローバルな経済戦争の中で、この競争戦に参戦している各国で、労働者・民衆の生活は破壊される一方、株式・証券ギャンブルで、さらには人間を大量にしかも効率的に殺す技術・兵器開発・拡大で利得を獲得する者がさらにますます富を増やしている。しかしこの現実を転換させ、労働者・民衆を社会の現実の主体として確立しようという変革主体形成は決定的に立ち遅れている。

各国の労働者・民衆は、現実に自国の資本の競争力を強めなければ雇用も生活も維持しえないという潮流に同調させられている。資本の競争戦に協力する姿勢を示せば、資本も雇用・賃金の改善することになるという期待を持ち続けている。資本自体が、AI技術開発でさらに発展するという期待が、労働者の中に、労働者の利益擁護を唱える党の中にもある。しかし現実は、労働者、労働組合、改良をめざす党が、いまなお資本の発展に期待していることをいいことに、さらに徹底的に労働者・民衆に対する搾取を、というより収奪を強めているではないか。

『資本論』の論理は、資本の最高の発展形態は、擬制資本としての株式・証券資本であることを明らかにしている。現実の資本主義に生じていることは、あらゆる収入が何らかの元本から生じた果実（利子）だとして、元本が擬制され証券化されて売買されるというギャンブル世界である。資本はすでに行くつくところにまで行きつき、先はない。擬制資本をつくり出した資本主義は、擬制の上に擬制を発展させるしか行く道はない。それ自体は全く価値も（いうまでもなく人間生活に必要な富も）形成しえない。逆に価値形成を行なう労働に依存し寄生して収奪するしか存立しえない擬制資本の極限的膨脹。しかし資本としては、労働者、民衆が、この支配をやめさせうることを認識し、支配をやめさせようという行動を起こし強めない限り、さらに収奪を強める、国家さえも利用して、労働者・民衆から収奪した税金を、金融資本に、しかもそのギャンブル的利益拡大のために注ぎ込み続けることになる。

労働者、民衆が、平和で人間にふさわしい生活を実現するには、少くとも、資本に対する、さらにその利益を擁護する国家に対する期待を脱却しなければならないこと、自らが社会の主体なのだという認識を確立し、主体としての実力を現実に発揮する以外に展望がないことを、認識しなければならない。それがこの21世紀に、『資本論』を生かす基本ではないか、と思う。

２０１７年９月

# 主な参考文献

『資本論（全9巻）』（カール・マルクス著、エンゲルス編、向坂逸郎訳、岩波文庫）
『資本論（全9巻）』（カール・マルクス著、岡崎次郎訳、国民文庫・大月書店）
『マルクス・エンゲルス選集（全16巻）』（大内兵衛・向坂逸郎監修、新潮社、1957年～58年）

## ●辞典・事典

『マルクス経済学辞典』（豊田四郎編、青木文庫、1956年）
『経済辞典』（荒憲治郎・内田忠夫・福岡正夫編、講談社、1980年）
『現代マルクス=レーニン主義事典（全3巻）』（岡崎次郎編集代表、社会思想社、1980年～82年）
『岩波経済学小辞典（第2版）』（都留重人編、岩波書店、1987年）
『経済学辞典（第3版）』（大阪市立大学経済研究所編、岩波書店、1992年）
『岩波　現代経済学事典』（伊東光晴編、岩波書店、2004年）
『岩波哲学小辞典』（粟田賢三・古在由重編、岩波書店、1979年）
『岩波哲学・思想事典』（廣松渉・子安宣邦・三島憲一・宮本久雄・佐々木力・野家啓一・末木文美士編、岩波書店、1998年）

## ●インターネット上の辞典・事典

『デジタル版 日本人名大辞典 +Plus』（講談社）
『世界大百科事典』（日立ソリューションズ・クリエイト）
『百科事典マイペディア』（日立ソリューションズ・クリエイト）
『大辞林』（三省堂）
『日本大百科全書』（小学館）
『デジタル大辞泉』（小学館）

『ブリタニカ国際大百科事典 小項目事典』

## ●宇野弘蔵氏の著作

『恐慌論』（岩波書店、1953年、2010年に岩波文庫）
『経済政策論』（弘文堂、1954年）
『経済原論』（岩波全書、1964年、2016年に岩波文庫）
『資本論の経済学』（岩波新書、1969年）
『資本論研究（全5巻）』（宇野弘蔵編、筑摩書房、1967年～68年）
『資本論五十年（上）（下）』（法政大学出版局、1970年、1973年）
『宇野弘蔵著作集（全10巻・別巻）』（岩波書店、1973～74年）

## ●鎌倉孝夫氏の著作

『日本帝国主義の現段階』（現代評論社、1970年）
『日本帝国主義と資本輸出』（現代評論社、1971年）
『現代資本主義と社会主義像』（福田豊・鎌倉孝夫編著、河出書房新社、1982年）
『「スタグフレーション」――日本資本主義体制の終末』（鎌倉孝夫著、河出書房新社、1988年）
『国家論のプロブレマティック』（社会評論社、1991年）
『資本主義の経済理論――法則と発展の原理論』（有斐閣、1996年）
『株価至上主義経済――その下で人間社会はどうなるか』（御茶の水書房、2005年）
『「資本論」で読む金融・経済危機――オバマ版ニューディールのゆくえ』（時潮社、2009年）
『資本主義の国家破綻――その下での戦争の危機』（長周新聞社、2011年）
『「資本論」を超える資本論――危機・理論・主体』（社会評論社、2014年）

『帝国主義支配を平和だという倒錯——新自由主義の破綻と国家の危機』（社会評論社、2015年）

●佐藤優氏の著作

『獄中記』（岩波書店、2006年、2009年に岩波現代文庫）
『帝国の時代をどう生きるか——知識を教養へ、教養を叡智へ』（角川oneテーマ21、2012年）
『いま生きる「資本論」』（新潮社、2014年、2017年に新潮文庫）
『いま生きる階級論』（新潮社、2015年）

●鎌倉孝夫氏、佐藤優氏の共著

『はじめてのマルクス』（金曜日、2013年）

本書は、『週刊金曜日』が主催した一般向けの「資本論講座」〈経済と国家——宇野経済学を通して『資本論』を21世紀にどう生かすか〉（全3回）をもとに編集しました。

**鎌倉孝夫**（かまくら　たかお）
1934年生まれ、経済学博士・埼玉大学及び東日本国際大学名誉教授。埼玉大学文理学部を卒業後、東京大学大学院経済学研究科博士課程を修了。埼玉大学助手、講師、助教授、教授、学部長を歴任。2000～2006年、東日本国際大学学長を務める。向坂逸郎（1897～1985年）、宇野弘蔵（1897～1977年）に師事。宇野経済学を継承、発展させている。『資本主義の経済理論―法則と発展の原理論』（有斐閣）、『「資本論」を超える資本論――危機・理論・主体』（社会評論社）など著書多数。

**佐藤　優**（さとう　まさる）
1960年生まれ、作家、元外務省主任分析官。同志社大学大学院神学研究科修了。外務省に入省し、在ロシア連邦日本国大使館や本省国際情報局分析第一課などに勤務。2002年、背任と偽計業務妨害容疑で逮捕・起訴され、09年最高裁で有罪が確定し、外務省を失職。2013年6月に執行猶予期間が満了し、刑の言い渡しは効力を失った。浦和高校生時代に、鎌倉孝夫さんの『資本論』勉強会に参加している。『いま生きる「資本論」』（新潮社）、『沖縄と差別』（金曜日）など著書多数。

21世紀に『資本論』をどう生かすか

2017年10月28日　初版発行

著　者　鎌倉孝夫、佐藤　優
発行人　北村　肇
発行所　株式会社金曜日
〒101-0051　東京都千代田区神田神保町2-23　アセンド神保町3階
URL　http://www.kinyobi.co.jp/
（業務部）03-3221-8521 FAX 03-3221-8522
Mail　gyomubu@kinyobi.co.jp
（編集部）03-3221-8527 FAX 03-3221-8532
Mail　henshubu@kinyobi.co.jp
印刷・製本　精文堂印刷株式会社

価格はカバーに表示してあります。
落丁・乱丁はお取り替えいたします。

ISBN978-4-86572-023-5　C0036